Hanne Baensch

Morgens halb sechs in den Bergen

Impressum

Ungekürzte Ausgabe

4., überarbeitete Auflage (mit Rezepten und Rückblick) Januar 2019

Mitarbeit und Lektorat: Susanne Ruland

Fotos: Hanne Baensch, Uschi Breithaupt

Bildnachweis Covergrafik: Kriang kan/gevision/shutterstock.com

TWENTYSIX – Der Self-Publishing-Verlag

Eine Kooperation zwischen der Verlagsgruppe Random House und BoD –
Books on Demand

Herstellung und Verlag:

BoD – Books on Demand, Norderstedt.

ISBN: 9783740752538

Morgens halb sechs in den Bergen

Tagebuch einer Hüttenwirtin auf Zeit

von

Hanne Baensch

Vorwort

Warum dieses Buch? Es war nicht geplant, es hat sich so entwickelt. So, wie das Leben sich entwickelt. Es begann damit, dass sich für mich beruflich ein ungewollter Einschnitt abzeichnete, was in mir den Wunsch nach einer radikalen Veränderung weckte. Ich wollte einen Perspektiv-Wechsel, und zwar einen kompletten. Mal etwas ganz anderes tun. Etwas, wozu ich bisher noch nie Gelegenheit hatte. Etwas, das man sonst gern vor sich her schiebt und sich dabei sagt: Das geht doch nicht, das ist nicht möglich. Das wäre doch verrückt, es geht einfach nicht, und so weiter.

Bis zu dem Einschnitt war mein Berufsleben sehr positiv verlaufen. Alle vier bis fünf Jahre wechselte ich in eine neue Aufgabe, die gleichzeitig einen Aufstieg und eine neue Herausforderung bedeutete. Auch meinen Wohnort wechselte ich mehrfach: Ich zog aus dem beschaulichen Frankenland erst nach München, dann in die USA, dann war ich in meinem Job irgendwann für die ganze Welt verantwortlich. Es ging immer höher und weiter, immer schneller. Damit nahm natürlich auch der Druck zu, mit immer weniger Ressourcen immer mehr zu erreichen, um die „Produktivität" immer weiter zu steigern. Ich gebe zu: Für mich lief es sehr gut, und es machte mir Spaß, die Herausforderungen meiner Arbeit zu meistern und regelmäßig Erfolge zu sehen. Ich war eins mit meinem Job und hatte daran nichts auszusetzen.

Und dann dieser plötzliche Einschnitt. Man will mich nicht mehr. Warum? Die Frage stellte sich nicht. Ich wusste genau, dass Politik und unterschiedliche Interessen gelegentlich den einen oder anderen Kopf fordern. Nun war es halt mein eigener.

Aber wie heißt es so schön? In jeder Krise steckt eine Chance. Also dachte ich mir, dass ich das Ganze erst gar nicht als Krise betrachten sollte. Lieber wollte ich gleich die Chancen nutzen. Die Chance, mal etwas tun, was ich sonst nie tun würde, was mich „back to the roots" bringt und mir ganz neue Perspektiven eröffnet. Ich wollte einmal weg von dem tagtäglichen Höher, Schneller, Weiter. Ich wollte eintauchen in die Natur, in die Einfachheit des Lebens.

Ursprünglich komme ich aus einfachen Verhältnissen. Über die Jahre habe ich mir einen recht komfortablen Lebensstil erarbeitet. Die Sorge, dass dieser eines Tages wegbrechen könnte, begleitete mich immer wieder mal. Dann fragte ich mich, ob ich auch mit weniger auskommen könnte und wie es mir damit inzwischen wohl gehen würde. Wäre ich dann unzufrieden, unglücklich, würde mir etwas fehlen? Würde ich mit meinem Schicksal hadern? Was bedeutet es, weniger zu haben?

Mein erster Gedanke war, einfach mal drei Monate auf eine einsame Berghütte zu gehen. Nach längerem Überlegen wurde mir jedoch klar, dass mir das zu langweilig werden würde. Also, dachte ich mir, dann gehe ich eben auf eine einsame Hütte, auf der ich helfen und mitarbeiten kann. Gesagt, getan. Nach einer längeren Suche im Internet fand ich die Hütte, die all meine Kriterien erfüllte: Sie liegt einsam in den Bergen. Sie ist nicht per Seilbahn zu erreichen; man muss sich anstrengen, um da hinzukommen. Das heißt, man muss sich vorher gut überlegen und planen, wenn man zu dieser Hütte wandern will. Es ist eine einfache Hütte, die aber gewisse Ansprüche an das Essen stellt. Ja, die Adolf-Nossberger-Hütte im Nationalpark Hohe Tauern in Osttirol schien perfekt für mein Vorhaben. Eine kurze Bewerbung war gefragt. Ich überlegte: Wie sollte ich mich für einen Job als Hüttenwirtin qualifizieren? Ganz bestimmt nicht mit meiner beruflichen Erfahrung als „Global Chief Human Resources Officer". Ich erinnerte mich also an fast vergessene Erfahrungen, die mir auf einer Hütte nützlich sein könnten. So hatte ich Jahre lang ein Sportlerheim nebenbei wochenweise bewirtschaftet und zehn Jahre lang ehrenamtlich im Sanitätsdienst gearbeitet. Diese Qualifikationen wurden auf einmal interessant und traten auch wieder in mein eigenes Bewusstsein.

Ich schickte also die Bewerbung ab. Einige Zeit später hatte ich ein Interview mit dem Hüttenwirt, der sich gern selbst ein Bild von den Bewerbern macht, um sicher zu gehen, dass der Kandidat bzw. die Kandidatin das Leben und die Arbeit auf der Hütte auch packt. Offensichtlich konnte er sich mich als Hüttenwirtin auf Zeit vorstellen. Er sagte mir zu. Ein paar Wochen später ging es los.

Es waren für mich drei bereichernde Monate, die ich nicht missen möchte. Es war eine anstrengende und schöne Zeit, mit Höhen und Tiefen, grandiosen Erfolgserlebnissen und manchen Zweifeln. Ich bin sehr froh, dass ich diese Erfahrung machen konnte, und danke allen, die mir dies ermöglicht haben.

Meine Erlebnisse und Erfahrungen in den drei Monaten auf der Hütte habe ich vor Ort niedergeschrieben und möchte sie Ihnen mit diesem Buch zugänglich machen. Ich lade Sie ein, mich während dieser Zeit mit all meinen Gedanken zu begleiten. Vielleicht lesen Sie dieses Buch aus reinem Interesse an der alpinen Bergwelt, vielleicht möchten Sie gern einmal einen Blick hinter die Kulissen einer Berghütte werfen. Vielleicht spielen Sie aber auch selbst mit dem Gedanken an einen „Ausstieg auf Zeit" und fragen sich, was auf Sie zukommen könnte. Wie auch immer Ihre Beweggründe aussehen: Ich freue mich, dass Sie den Weg zu meinem Buch gefunden haben, und wünsche Ihnen viel Vergnügen beim Lesen.

Ihre

Hanne Baensch

Sonntag, 7. Juni 2015

Die Vorbereitung

In vier Tagen ist es so weit: Mein Sommer auf der Hütte beginnt. Ich muss meinen Rucksack packen. Natürlich will ich alles Wichtige mitnehmen und alles Unwichtige daheim lassen. Nur: Was *ist* wichtig und was nicht? Was werde ich in drei Monaten auf 2.500 Metern benötigen und worauf kann ich locker verzichten? Ich werde es herausfinden.

Mittwoch, 10. Juni 2015

Es geht los

Ich sitze im Zug auf dem Weg nach Lienz und lasse meinen Gedanken freien Lauf. Was habe ich da nur vor? Jetzt, da es ernst wird, beschleichen mich leise Zweifel. Auf was habe ich mich da bloß eingelassen? Aber gut, jetzt ist es zu spät, und ich habe vor durchzuziehen, was ich mir vorgenommen habe.

Erstaunlicherweise hat alles, was ich mitnehmen wollte, in meine zwei Rucksäcke gepasst. Ich musste nur zwei Mal aus- und wieder einpacken. Meine Wohnung ist aufgeräumt und organisiert. Oh, ich glaube, meine Kaffeemaschine ist noch an... Aber Rosa, meine „Perle", kontrolliert heute nochmal alles, so dass ich mir keine Sorgen machen muss. Sie weiß schon, dass immer noch etwas „an" ist. Gut, dass es sie gibt.

Nun genieße ich die Zugfahrt mit bisher nur fünf Minuten Verspätung und harre der Dinge, die mich erwarten werden.

Ein Anstieg bei Nacht

Eigentlich wollte ich ja in einer netten Pension in Lienz übernachten, um dann am nächsten Tag schön ausgeruht auf die Hütte zu wandern. Aber schon da erreicht mich die erste Planänderung: Noch im Zug erfahre ich, dass es – anders als geplant – bereits am gleichen Abend auf den Berg gehen soll, weil der Hubschrauber, der nach der Winterpause die Lebensmittel und Versorgungsgüter für die Saison auf die Hütte bringt, bereits für Donnerstagmorgen erwartet wird.

Chris, der Hüttenwirt, und seine Freundin Katharina holen mich um 19 Uhr in Lienz ab. Mit dem Auto geht es hoch zum Parkplatz. Eine recht steile Angelegenheit – ein Auto, das da hochfahren soll, sollte nicht zu schwach auf der Brust sein. Der Wagen ist komplett vollgepackt mit Lebensmitteln und Utensilien für die Hütte. Wir räumen alles aus und verpacken die Sachen in sogenannte „Big Packs", welche der Heli am nächsten Tag mitnehmen soll. Unvorstellbar, welche Mengen er zu transportieren hat: eine komplette Tiefkühltruhe, da die bisherige den Geist aufgegeben hat, Packen voller Holz, Bierkästen, Weinkisten, Paletten mit Essiggurken, Oliven, Tomaten, Säcke voller Mehl, Zucker und zahlreiche weitere Lebensmittel für mehrere Monate. Außerdem Unmengen von Putzmitteln und Toilettenpapier. Zum Glück ist noch genug

Platz, um zumindest meinen großen Rucksack unterzubringen.

Bevor wir losmarschieren, ziehe ich mich schnell um. Denn ursprünglich war ich ja auf eine entspannte Nacht in einer gemütlichen Pension eingerichtet. Und dann geht es los.

Der Anstieg beginnt sacht und Chris und Katharina legen ein ganz schönes Tempo vor. Die beiden sind das ja gewöhnt. Als es etwas steiler wird, verlangsamen sie. Ich stelle erstaunt fest, wie lange man gehen kann und selbst im Dunkeln in der Natur noch etwas sieht. Nach dem ersten Anstieg gelangen wir auf eine Hochmoor-Ebene. Wunderschön und flach liegt sie vor uns und lädt uns ein, zügig auszuschreiten. Anschließend geht es wieder bergauf, nicht sehr steil, aber stetig. Wir können dem Pfad gut folgen und laufen, obwohl es inzwischen komplett dunkel geworden ist, immer noch ohne Lampen. Erstaunlich, wie viel Licht von den hellen Wolken und den Steinen am Weg reflektiert wird. Bei der Überquerung eines breiteren Bachlaufs benutzen wir dann aber doch zum ersten Mal unsere Stirnlampen. Zum Glück habe ich mir im Mammut-Laden die stärkste Lampe gekauft und nicht nur eine Funzel. Leider finden auch die Mücken das Licht sehr anziehend. Deshalb schalte ich die Lampe wieder aus und laufe lieber im Dunkeln mit Naturbeleuchtung weiter. Auch die Glühwürmchen erhellen den Weg wie kleine Solarlämpchen.

Und plötzlich laufen wir durch Schnee. Zunächst nur ein kurzes Stück. Es folgt ein schmaler Weg, der mit Seilen gesichert ist. So langsam, denke ich mir, könnten wir ja mal ankommen. Chris sagt zuversichtlich, wir hätten jetzt die Hälfte geschafft. Will er mich auf den Arm nehmen? Aber nein, es geht weiter über Stock und Stein, über Wasserläufe und immer wieder über Schneefelder. Mittlerweile ist es 23 Uhr. Laut Chris sind es jetzt „nur" noch 150 Höhenmeter, dann sind wir da. Das kann nicht wahr sein, denke ich, sage aber nichts. Nach einem letzten Anstieg über eine Kuppe und einem längeren Stück durch relativ flaches Gelände können wir endlich, endlich die Umrisse der Hütte erkennen, die in den nächsten drei Monaten mein Zuhause sein soll. Noch ein Schneefeld und – einmal nicht aufgepasst – schon bin ich eingebrochen und küsse unfreiwillig den Schnee. Dabei hatte ich mit der Skisaison in diesem Jahr eigentlich schon abgeschlossen.

Endlich, eine halbe Stunde vor Mitternacht, erreichen wir die Hütte. So anstrengend hatte ich mir das nicht vorgestellt. Ich war davon ausgegangen, dass wir tagsüber ausgeschlafen gemütlich zur Hütte hochwandern. Aber sieben Stunden Zugfahrt plus eine anstrengende Nachtwanderung, ohne etwas Anständiges im Magen zu haben, haben mich ganz schön geschlaucht.

Zur Belohnung bietet Kathi jedem von uns einen kräftigen Schluck Whisky aus ihrem Flachmann an. Wir trinken auf den erfolgreichen Anstieg. Und dann sperrt Chris die Hütte auf.

Ankunft

Ich bin mir nicht sicher, was ich eigentlich erwartet habe. Ich weiß nur, dass ich nach dem anstrengenden abendlichen Aufstieg nur noch duschen und ins Bett wollte. Aber ich bin hier ja kein Gast, und im ersten Moment ist hier alles nicht so kuschelig, wie ich es mir wohl vorgestellt hatte. Die Hütte ist kalt und klamm und riecht abgestanden. Kein Wunder, sie war ja auch fast neun Monate unbewohnt und ungeheizt Wind und Wetter auf 2.500 Metern ausgesetzt.

Chris heizt als erstes den Küchen- und den Stubenofen ein. Kathi macht sich daran, eine Suppe zu kochen. Und ich beziehe meine Kammer, die man kaum als Zimmer bezeichnen kann. Auf einem Holzrost liegt eine Hüttenmatratze, beides wirkt nicht gerade einladend. Ein kleines Regal und ein paar Haken vervollständigen die Einrichtung. Das Fenster geht nach Nordwesten raus. Und es ist kalt, schweinekalt. Ich bin unendlich froh, dass ich meinen Hüttenschlafsack mit hinauf getragen habe. Immerhin gibt es eine relativ neue Bettdecke, ein Kissen und frische Bettwäsche. Ich stelle meinen Rucksack ab, denn „einrichten" muss ich ja nichts, und gehe wieder zu den beiden anderen in die Stube.

Die Suppe, die Kathi gekocht hat, schmeckt herrlich, auch wenn es mittlerweile sehr spät geworden ist. Der Ofen schafft es, die Hütte langsam aufzuwärmen, so dass es in der urigen Holzstube nun doch allmählich gemütlich wird. Ich beginne zu erahnen, welchen Charme die Gaststube im Betrieb umgibt.

Nach dem Essen ist auch das Wasser im Boiler aufgeheizt und ich darf in der einzig vorhandenen Dusche, die allein dem Personal vorbehalten ist, duschen. Welch eine Wohltat! Aufgewärmt krieche ich sofort ins Bett, wo die Kälte recht schnell wieder Besitz von mir ergreift und ich versuche, unter Schlafsack und Decke irgendwie zur Ruhe zu kommen. Ich bin todmüde, kann aber trotzdem nicht gut schlafen, und das nicht allein wegen der Kälte. Auch die vielen neuen Eindrücke halten mich wach. Und die Frage, die mir schon im Verlauf des Abends immer wieder in die Quere kam, beschleicht mich erneut: Was genau tue ich hier eigentlich, und was habe ich mir dabei nur gedacht?

Die unruhige Nacht endet um 5.30 Uhr. Chris und Kathi machen sich um sechs Uhr an den Abstieg, um letzte Vorbereitungen für die Heli-Transportflüge zu treffen, die um

8 Uhr starten sollen. Für den Abstieg benötigen sie sicher eine Stunde. Bevor sie gehen, geben sie mir ein paar kurze Infos, was zu beachten ist, und kündigen mir an, dass gegen 8 Uhr der Schornsteinfeger eintreffen wird.

Ich habe keine Ahnung, was auf mich zukommt und wie so eine Helikopter-Saisonbelieferung für eine Hütte abläuft. Zum Glück!

Donnerstag, 11. Juni 2015

Der erste Tag

Nachdem der Heli-Transport erst für heute erwartet wird, herrscht in der Hütte essenstechnisch noch gähnende Leere. Immerhin gibt es zum Frühstück eine Tasse Tee und damit etwas Warmes im Magen. Um 7.30 Uhr steht bereits der Schornsteinfeger vor der Tür: Anton, ein drahtiger Bergläufer. Ich frage ihn, wie lange er für den Aufstieg gebraucht hat. Die Antwort: eine Stunde und fünf Minuten. Schneller sei es nicht gegangen. Oje, da muss ich wohl noch ganz schön viel trainieren, wenn die Einheimischen in dieser kurzen Zeit den Berg hochlaufen.

Um kurz nach acht vernehmen wir die Geräusche des herannahenden Hubschraubers. Sie werden immer lauter und schließlich ohrenbetäubend, bis der Helikopter direkt vor der Hütte landet. Er benötigt für den Weg vom Parkplatz bis zur Hütte lediglich drei bis fünf Minuten. Wenn ich da an unsere zweieinhalb Stunden Nachtaufstieg denke... Zeit ist auch hier Geld, denn jede Flugminute kostet rund 40 Euro. Eine gute Vorbereitung und Planung sind daher unabdingbar. Wenn Waren vergessen werden, muss man hier oben auf der Hütte entweder auf sie verzichten oder sie mühsam zu Fuß aus dem Tal herauf bringen.

Kathi und ein Einweiser sind an Bord. Sie sagen dem Piloten genau, wo er die Big Packs platzieren soll – denn wenn etwa die 50-Liter-Bierfässer auf der Terrasse landen statt vor dem Kellereingang, wäre das Unterbringen der Fässer extrem mühsam. Je besser die Big Packs gepackt und beschriftet sind, desto genauer lassen sie sich zuordnen, platzieren und wegräumen. Soweit klappt das alles ganz gut, nur zwei Pakete mit Bierkästen landen vor dem falschen Eingang.

Nach mehreren Flügen sind um kurz vor zehn alle Pakete geliefert. Wahnsinn, wie schnell das ging! Mit dem letzten Flug kommt Chris an, und der Hubschrauber nimmt Kaminkehrer Anton und den Flughelfer wieder mit hinunter ins Tal.

Wir frühstücken erst einmal kurz: Müsli mit Milch und einen Kaffee. Da ist mir noch nicht klar, was heute noch auf mich zukommt...

Denn gleich nach dem Frühstück geht es los: Alle Lieferungen müssen natürlich verstaut werden. Wir müssen alles so wegpacken, dass wir es wiederfinden und alle Lebensmittel trocken und/oder kühl oder nahe an der Küche gelagert werden. Ich bin anfangs etwas überfordert, denn ich kenne weder die Hütte noch weiß ich, was in den Paketen alles enthalten ist. Die Hütte ist nicht gerade groß und der Platz beengt. Ich frage mich, wie wir es zu dritt schaffen sollen, diese Unmengen von riesigen Big Packs zu verräumen. Wir verlieren keine Zeit und fangen an, die Pakete auszupacken, schleppen, wuchten, räumen alles aus, was darin verstaut ist – es scheint kein Ende zu nehmen. Und wieder einmal frage ich mich, was ich hier eigentlich tue...

Chris und Kathi arbeiten unermüdlich, ohne Pause, ohne Essen. Wir wollen alle drei, dass alles möglichst schnell und gut verstaut und verräumt wird, und zwar mit einem logistisch durchdachten Konzept. Das allerdings wird zwischendurch immer mal wieder in Frage gestellt. So räumt Kathi das Saftkonzentrat oben ein, während ich es nach unten packe. Als uns das auffällt, entscheiden wir, dass alles in den Keller geräumt werden soll.

Alles hier in der Hütte ist klein und eng. Die Kellerstiege ist schmal und versetzt gebaut, mit niedriger Decke. Die Außentreppe zur Terrasse wurde von der Natur geschaffen und nur etwas nachbearbeitet. Jeder Schritt muss hier bedacht sein – zumindest von mir. Kathi und Chris hingegen springen wie die Bergziegen hin und her, im Vergleich dazu komme ich mir ganz unbeholfen vor. Vor allem mit einem Kasten Bier oder anderen Lasten in den Händen fühle ich mich in dem unebenen Gelände alles andere als leichtfüßig.

Wir arbeiten bis in den späten Abend hinein, um fertig zu werden, denn keiner von uns möchte am nächsten Morgen aufstehen und weiter Big Packs entpacken müssen. Insgesamt haben wir an dem Tag gut 4,5 Tonnen bewegt. An dieser Stelle viele Grüße an meinen Sporttrainer Thorsten zuhause. Wie oft habe ich heute versucht, mich selbst zu motivieren, und gedacht: Ach, das ist doch alles nichts gegen ein richtig anstrengendes Tabata-Training. Nur: Ein klassisches Tabata dauert fünf bis acht Minuten – nicht den ganzen Tag!

Heute habe ich körperlich so schwer geschuftet wie zu den besten Zeiten meines Hausbaus. Der Unterschied: Hier habe ich mich immer und immer wieder gefragt, warum zum Teufel ich das eigentlich mache. Warum tue ich mir das freiwillig und dann auch noch für drei lange Monate an? Statt hier zu schuften, könnte ich jetzt zuhause auf meiner Terrasse liegen und die Sonne genießen. Ich verstehe mich selbst nicht. Ich arbeite hier schwerst für fremde Leute, die ich nicht kenne und von denen ich noch nicht einmal weiß, ob ich gut mit ihnen auskommen werde. Natürlich sind die beiden freundlich und nett zu mir, aber wir kennen uns ja noch gar nicht. Und was habe ich mit dieser Hütte zu schaffen?

Ich überlege, mein Experiment vorzeitig abzubrechen und zu kündigen. Gleichzeitig regt sich in mir aber Widerstand: Aufgeben? Kommt nicht in Frage! So schnell werfe ich die Flinte nicht ins Korn. Wenigstens ein paar Tage muss ich noch durchhalten und nicht gleich bei der ersten kleinen Krise aufgeben.

Freitag, 12. Juni 2015

Tag 2 auf der Hütte

Heute durfte ich ausschlafen. Immerhin! Es gibt heute keine Zeitvorgabe, aber nachdem klar ist, dass die Hütte noch nicht richtig für die ersten Gäste vorbereitet ist, gibt es natürlich trotzdem viel zu tun. Deshalb kann ich nicht einfach entspannt liegen bleiben, sondern stehe um acht Uhr auf und genehmige mir nach einer kurzen Katzenwäsche mit kaltem Wasser den ersten Kaffee. Kathi und Chris sind schon auf den Beinen. Sie muss heute wieder ins Tal, ihrem Job nachgehen, und macht sich auf den Weg.

Jetzt sind Chris und ich alleine, und unsere heutige Herausforderung lautet: die Hütte innen gastfertig machen. Erst die Gaststube, dann die Küche, dann die Zimmer bzw. Bettenlager. Das ist schon eher nach meinem Geschmack. Außerdem scheint heute die Sonne, was nicht nur meine Stimmung hebt, sondern auch deswegen hervorragend ist, weil ich so staubsaugen kann. Schließlich produziert die Photovoltaik-Anlage nur mit Sonne genügend Strom. Wer hätte gedacht, dass ich meinen Hausputz mal nach der Sonne ausrichten würde? Zuhause mache ich das – wenn überhaupt – eher umgekehrt.

Ohne groß darüber zu sprechen, beginnen Chris und ich, wie ein eingespieltes Team zu agieren. Das macht Spaß und motiviert. Zügig kommen wir voran. Die Stube ist ruckzuck in Ordnung gebracht, die Küche folgt. Dann kümmern wir uns um die Zimmer. Die Matratzen müssen bezogen und alles muss gewischt werden, um den Staub, der sich über den Winter angesammelt hat, zu vertreiben. Wo ich schon dabei bin, nehme ich mir auch gleich mein Zimmer vor. Jetzt kann die nächste Nacht nur besser werden.

Kurz bevor ich fertig bin, kommt Chris freudestrahlend an und verkündet: Die ersten Gäste sind da! Vier Wanderer hat es zu uns verschlagen. Das ist ein toller Start, denn wir hatten erst am Samstag mit den ersten Gästen gerechnet. Zwar hat unsere Küche noch nicht so viel zu bieten, aber eine Suppe und einen Kaffee können wir immerhin auftischen. Die Gäste, zwei Paare aus dem Saarland, verbringen hier in den Bergen einen kurzen Urlaub.

Nachdem sie gegangen sind, werkeln und wischen Chris und ich bis abends weiter. Beim Abendessen gegen 21 Uhr sind wir uns einig, dass wir nun gut gerüstet sind. Wir haben es tatsächlich geschafft, unter diesen erschwerten Bedingungen die Hütte in nur zwei Tagen betriebsfertig zu machen. Für morgen sind mittlerweile vier Gäste angemeldet. Umso besser, dass wir nun so gut vorbereitet sind.

Samstag, 13. Juni 2015

Die ersten Gäste

Ich weiß schon gar nicht mehr, welcher Tag heute ist. Freitag der dreizehnte? Nein, es muss wohl schon Samstag sein.

Auch heute darf ich ausschlafen, nachdem wir gestern Abend noch bis 23 Uhr gearbeitet haben. Besser gesagt, wir haben Brot gebacken. Und zwar nicht ein Pfund Brot, wie man es zuhause gelegentlich macht, sondern fünf Kilogramm Brot. Diese Menge Teig zu kneten, war eine ganz neue Form des Muskeltrainings.

Ausschlafen also. Das bedeutet, dass ich um acht Uhr aufstehe. Länger mag ich nicht liegen bleiben, denn das Bett ist hart und die Matratze dünn, mein Schlaf dementsprechend unruhig. Mein Rücken ächzt von der schweren körperlichen Arbeit und kann sich nachts nicht wirklich erholen. Auch in Bezug auf das Essen muss ich mich ganz schön umstellen. Wir arbeiten so viel, weil wir alles fertig bekommen wollen, dass fürs Essen kaum Zeit bleibt und erst recht kein Hungergefühl entsteht. Abends um 21 Uhr, wenn alle Arbeit getan ist, bekomme ich dann ein schlechtes Gewissen und denke, dass ich doch etwas essen muss, um bei Kräften zu bleiben. Wenn ich dann den ersten Bissen runtergeschluckt habe, setzt der Hunger mit aller Macht ein und ich esse zu schnell und zu viel. Mal sehen, ob ich diesbezüglich im Laufe der nächsten drei Monate einen neuen, ausgeglicheneren Rhythmus entwickle. Ungewohnt ist auch, dass wir hier oben so gut wie kein frisches Obst und Gemüse haben. Auch darauf muss mein Körper sich erst einstellen.

Heute erwarten wir die ersten Gäste. Da ein Gast einen Geburtstagskuchen für seine Frau bestellt hat, backen wir diesen nach dem Frühstück. Um die Wärme des Ofens zu nutzen, schieben wir gleich noch ein paar Muffins und einen Schmandkuchen hinterher.

Kaum sind wir fertig, geht es auch schon los. Drei Italiener, zwei Österreicher und unsere vier erwarteten Übernachtungsgäste, darunter zwei Holländer, stürmen die Hütte. Fast alle kommen mittags zur gleichen Zeit an. Jetzt geht es rund. Was sollen wir den Gästen zum Essen anbieten? Die Italiener wollen keine Speisen bestellen, sondern nehmen nur ein Getränk und essen ihren mitgebrachten Proviant. Das sieht Chris zwar nicht sehr gern, lässt es ihnen aber durchgehen, weil es nur eine Kleinigkeit ist. Die Italiener sind sehr zurückhaltend und zahlen auf Heller und Pfennig genau.

Die zwei Österreicher bringen Stimmung in die Hütte. Helene und Egon sind ein befreundetes Wanderpärchen um die 60. (Die Betonung liegt auf „nur befreundet", denn heiraten würde Helene nie mehr, sagt sie. Egon sieht das wohl etwas anders, hält sich aber dezent zurück.) Die beiden sind Fans der Hütte und kommen öfter hier vorbei. Chris fragt sie, was sie essen wollen, und zaubert ihr Wunschgericht von irgendwo herbei. Helene und Egon sind sehr zufrieden. Sie wundern sich, dass wir sogar schon Kuchen da haben, und können kaum glauben, dass wir erst seit zwei Tagen hier oben sind.

Helene verspricht, mit ihren Golfdamen im Juli noch einmal vorbei zu kommen, und beide versprechen, im Laufe des Sommers noch mindestens zwei Mal die Hütte zu besuchen. Zum Abschied trinken wir mit den beiden einen Schnaps, und sie fragen mich, woher ich komme und was mich auf den Berg treibt. Dann gesellt sich Toni zu uns, ein Urgestein und Freund der Hütte. Er kommt seit Jahren immer wieder hier herauf und hat vorher angerufen, um zu fragen, ob wir noch etwas brauchen. Chris hat Zucchini und Tomaten bestellt, die Toni uns bringt. Zusätzlich packt er noch ein paar Mirabellen aus und kündigt an, beim nächsten Besuch Eiscreme mitzubringen. Natürlich will auch er erfahren, was ich hier oben tue. Er erzählt von seinem Leben als Tunnelbauer und verabschiedet sich von mir mit den Worten: „Du hältst das durch. Das sehe ich dir an." Woher weiß er bloß, dass ich mir diese Frage stelle?

Als Toni gegangen ist, wird es Zeit, das Essen für unsere Gäste, die Halbpension gebucht haben, vorzubereiten. Chris möchte ihnen Kässpatzen anbieten – die ich noch nie gemacht habe. Er meint, ich solle einfach mal machen, verliert dann aber ob meines langsamen Tempos in der Küche die Geduld und hilft mir. Sechs Portionen Kässpatzen in mehreren Pfannen gleichzeitig zuzubereiten und zu bewegen, damit sie nicht anbrennen, ist gar nicht so einfach. Aber das Essen gelingt und es schmeckt allen.

Nach dem Essen überreichen wir den Geburtstagskuchen. Welch eine gelungene Überraschung! Ein Teelicht leuchtet in der Mitte des Gugelhupfs, und das Geburtstagskind freut sich. So kommen unsere österreichischen und holländischen Gäste ins Gespräch, und Chris und ich müssen uns nicht um die Unterhaltung kümmern.

Chris nutzt die Gelegenheit und geht seiner Freundin Katharina entgegen, die übers Wochenende auf den Berg kommt. Kaum ist er eine halbe Stunde unterwegs, setzt ein heftiges Unwetter ein. Es hagelt, stürmt und gewittert. Rund um die Hütte sieht es innerhalb kürzester Zeit aus wie eingeschneit. Wir beginnen, uns Sorgen um Chris zu machen. Endlich, nach einer Stunde, ruft er an. Er ist mit Katharina wieder ins Tal zurückgekehrt und wird heute Nacht unten bleiben. So bin ich plötzlich Hüttenwirtin.

Zum ersten Mal allein

Ich muss die Gäste abrechnen, habe das aber noch nie gemacht. Ich habe keine Ahnung von den Preisen, aber irgendwo sind sie notiert. Ich kassiere ab und bin ganz stolz auf mich, dass ich das geschafft habe. Zwar kostet eine Übernachtung in der Hütte nur 10 Euro pro Person, aber während eines Aufenthaltes kommt doch einiges zusammen. Speisen und Getränke auf der Hütte sind nicht ganz billig, denn irgendwie müssen der aufwändige Transport der Lebensmittel und Versorgungsgüter nach oben und der Mülltransport nach unten ja finanziert werden.

Zum Glück funktioniert hier oben WhatsApp. So kann mir Chris Anweisungen geben, wie ich die Hütte absperren soll und was die Gäste zum Frühstück bekommen. Da die beiden Holländer bereits um 5 Uhr in der Früh aufbrechen wollen, bereite ich jetzt noch schnell alles fürs Frühstück vor. Chris meint, ich könne alles einfach hinstellen und die Gäste am Morgen sich selbst überlassen, das sei so üblich. Ich hadere kurz mit mir selbst, entscheide dann aber doch, um 4.30 Uhr aufzustehen und mich um die Gäste zu kümmern. Ich hätte im Bett ohnehin keine Ruhe, wenn ich wüsste, dass hier unten zwei Gäste allein herumwerkeln.

Als ich endlich ins Bett gehe, denke ich mir, dass heute zum ersten Mal ein Tag nach meinem Geschmack war. Es war zwar wieder ein sehr langer Tag, aber er war abwechslungsreich. Ich hoffe, dass Chris und Kathi morgen früh wieder wohlbehalten auf den Berg kommen und ich die Gäste zu ihrer Zufriedenheit verabschieden kann. Eine Frage geht mir noch durch den Kopf: Warum haben alle Gäste exakt bezahlt und kein Trinkgeld gegeben? Ist das so üblich? Alle sagen, sie seien sehr zufrieden mit der Hütte und das Essen sei sehr gut. Ich bin gespannt, ob sich das Rätsel lösen wird. Wenn nicht, mache ich es wie in den USA: Wenn dort das Servicepersonal weniger als 10 Prozent Trinkgeld bekommt, wird nach dem Grund gefragt.

Sonntag, 14. Juni 2015

Kaspress-Party

Die Nacht war kurz. Bis ein Uhr habe ich an meinem Blog geschrieben, um alle Gedanken und Erinnerungen festzuhalten. Und dann bin ich bereits ab drei Uhr nachts immer wieder aufgewacht, aus Sorge zu verschlafen und das Frühstück für unsere Wanderer nicht rechtzeitig fertig zu haben. Allerdings war die Sorge zu verschlafen wirklich unnötig: Die Hütte ist derart hellhörig, dass jeder sofort aufwacht, sobald sich irgendwo etwas rührt. Trittschall- oder Wanddämmung sind hier Fehlanzeige. Sowohl der Boden als auch die Wände bestehen schlicht und einfach aus Holzbrettern.

Um 4.30 Uhr stehe ich also auf, schalte die Kaffeemaschine ein und stelle die vorbereitete Platte mit dem Frühstück auf den Tisch. Fertig. Da von den Holländern noch nichts zu sehen ist, habe ich ein wenig Zeit, um den wunderbaren Sonnenaufgang und das spektakuläre Panorama zu genießen. Das ist es, wofür ich hergekommen bin. Dieser Blick, die Weite, die Ruhe. Nur der Eisbach, der zwei Seen miteinander verbindet, rauscht, sonst ist es still. Die Welt erwacht.

Die Holländer erscheinen gut gelaunt und entspannt zum Frühstück. Eine halbe Stunde später machen sie sich bereits auf den Weg. Sie wollen durch die Scharte und zur Lienzer Hütte wandern, haben sich mit Klettergurt und Stöcken bewaffnet, und vermutlich befinden sich in ihren schweren Rucksäcken auch Steigeisen. Es liegt noch ziemlich viel Schnee. Sie müssen sich so früh auf den Weg machen, denn die Tour ist mit rund sieben Stunden veranschlagt. Außerdem ist ab 14 Uhr Regen und Gewitter vorhergesagt, und die Wirtin der Lienzer Hütte hat den Wanderern geraten, möglichst vor dem Gewitter anzukommen.

Noch einmal genieße ich ein paar Minuten für mich und bestaune das grandiose Lichtspektakel der aufgehenden Sonne. Es ist nicht besonders kalt, aber unangenehm windig. Dennoch lässt es sich auf der geschützten Terrasse vor dem Hütteneingang ganz gut aushalten.

Um acht erscheint das junge Paar aus Österreich zum Frühstück. Die beiden wollen heute auf den Keeskopf wandern und danach noch einmal zum Kaffee vorbeikommen, bevor sie wieder ins Tal absteigen. Nachdem sie gegangen sind, kümmere ich mich um die Zimmer und um die Küche, damit für die nächsten Gäste und vielleicht auch Mittagsgäste alles wieder in Ordnung ist. Von Chris und Kathi habe ich noch immer nichts gehört. Ich hoffe, sie nutzen das schöne Wetter für einen frühen Aufstieg.

Aber schon im Laufe der nächsten Stunde dreht sich das Wetter komplett. Es beginnt zu regnen, und ich höre

Donnergrollen. Natürlich mache ich mir Sorgen um Chris und Kathi. Um 11 Uhr taucht das junge Paar aus Österreich wieder auf – nass bis auf die Knochen. Während er ziemlich frustriert und wegen des schlechten Wetters sogar fast etwas panisch wird, bleibt sie ganz cool und entspannt. Sie beginnt, die nassen Kleider vor dem Ofen in der Stube zum Trocknen aufzuhängen. In weiser Voraussicht – na gut, eigentlich, weil mir so kalt war – hatte ich ihn schon mal eingeheizt.

Hier oben wird mit allen Ressourcen sehr sparsam umgegangen. Geheizt wird nur, wenn und wo es nötig ist. Wenn wir in der Küche arbeiten und keine Gäste da sind, schüren wir nur den Ofen in der Küche; die Gaststube bleibt kalt. Der Ofen in der Küche ist übrigens so ein alter Küchenherd, wie er früher bei meiner Oma in der Küche stand. Man kann ihn sehr vielseitig nutzen. Suppen oder Saucen, die wir auf dem Gasherd fertig gekocht haben, können wir auf dem mit Holz befeuerten alten Herd wunderbar warm halten. Angebratenes kann auf dem Ofen nachziehen, heißes Wasser bleibt dort immer heiß, und gleichzeitig bleibt die Küche schön warm.

Gegen 12 Uhr kommen Chris und Katharina, ebenfalls komplett durchnässt. Sie sind bereits am Vortag auf halber Strecke umgekehrt und kamen völlig durchweicht zuhause an, nachdem sie am Abend mitten in ein heftiges Gewitter geraten waren. Jetzt sind sie zum Glück wohlbehalten wieder auf der Hütte angekommen – und wir verbringen einen ruhigen Sonntagnachmittag in der warm eingeheizten Stube. Das österreichische Pärchen macht sich wieder auf den Rückweg, obwohl es immer noch regnet. Arbeit und Studium rufen am Montag – sie müssen zurück.

Später am Nachmittag fragt Kathi plötzlich: „Was haltet Ihr von einer Kaspress-Party?" Klingt lustig, aber ich kann mir absolut nichts darunter vorstellen. Bevor wir den Nachmittag weiter träge vertrödeln, raffen wir uns jedoch auf. In einer Wanne setzt Chris den Teig für die Kaspress-Knödel an: eine

Art Semmelknödel mit Käsefüllung. Chris formt einen Probeknödel, brät ihn in der Pfanne an und lässt uns probieren. Hmmm, er schmeckt hervorragend. Also beschließen wir, dass wir uns ein paar von den Knödeln zum Abendessen zubereiten. Die angebratenen Kaspress-Knödel werden mit Brühe serviert und schmecken wirklich ausgezeichnet.

Danach geht die „Party" los. Kathi und ich formen („pressen") Knödel um Knödel. Anschließend braten wir sie in der Pfanne. Am Ende haben wir fünf Bleche voller schmackhafter (und fetter) Kaspress-Knödel, die wir einfrieren. Nun sind wir jederzeit in der Lage, eine köstliche und herzhafte Suppe zu servieren. Die „Party" endet – wie jede gute Party – damit, dass wir die Küche putzen, denn eine solche Aktion hinterlässt ganz schön deutliche Spuren.

Anschließend lassen wir den Abend gemütlich bei einer Flasche Wein ausklingen und besprechen die nächsten Tage. Schon am Nachmittag hatte Chris mir gesagt, dass die Wettervorhersage in den Bergen für die nächsten zwei bis drei Tage nicht gerade rosig ist.

Die Gäste, die sich für den Abend angemeldet hatten, erscheinen nicht. Etwas ärgerlich ist, dass sie nicht abgesagt haben. Wir können uns zwar denken, dass sie bei dem schlechten Wetter auf den Bergausflug verzichtet haben, aber grundsätzlich können wir uns natürlich nicht sicher sein, ob ihnen nicht vielleicht etwas zugestoßen ist und sie Hilfe benötigen. Davon gehen wir jetzt aber erst einmal nicht aus.

Am nächsten Morgen werden Chris und Kathi wieder ins Tal gehen und die kommenden zwei Tage damit verbringen, den Parkplatz aufzuräumen. Dort stehen ja immer noch die Big Packs, die der Helikopter zurück ins Tal transportiert hat und in denen sich Müll, leere Fässer und Kästen sowie nicht mehr benötigte Utensilien vom letzten Jahr befinden. Gerade erinnere ich mich mit Schrecken an den ersten Tag, als wir alle Big Packs ausgepackt haben... Ehrlich gesagt, weiß ich nicht, was mir lieber ist: bei dem schlechten Wetter alleine hier oben auf der Hütte zu bleiben oder mit ins Tal zu gehen und den Parkplatz aufzuräumen. Da ich aber gar nicht gefragt werde, sondern auf jeden Fall hier oben bleibe, erübrigen sich solche Überlegungen. Die Hütte ist als Schutzhütte deklariert und muss daher jetzt in der Saison immer geöffnet sein, um Wanderer und Gäste aufzunehmen.

Um 22 Uhr falle ich todmüde ins Bett. Morgen werde ich hier ganz allein sein.

Kaspress-Knödel Suppe mit Kerndl

500 g	Semmelwürfel
2-3	Zwiebel gehackt
5-6	Eier
250 ml	Milch
1 Bund	Petersilie gehackt
	Salz und Pfeffer, Muskat, Majoran
100 g	Butter
350 g	Bergkäse, alternative Graukäse oder beides mischen
	Butterschmalz zum Anbraten

Zwiebel fein hacken und in Butter anschwitzen, abkühlen lassen.

Die Semmelwürfel in eine Schüssel geben und Milch (warm), Eier, Zwiebel, Petersilie, Salz, Pfeffer und Muskat nach Geschmack hinzufügen und gut vermischen.

Den in kleine Würfel geschnittenen Käse (kann auch gerieben werden, mit Würfeln werden die Knödel etwas gröber) zur Masse geben und kneten, etwas ruhen lassen, damit die Flüssigkeit sich gut mit den trockenen Semmelwürfeln verbindet und der Geschmack zieht. (20 Minuten)

Nun werden mit nassen Händen die Laibchen geformt. Zuerst rollt man sie wie eine Kugel und presst sie dann zum Laibchen. Sie sollen einheitlich und nicht ausgefranst sein (sonst wird es mit dem Anbraten schwierig). Damit sie für die Weiterverarbeitung einheitlich verwendbar sind, haben wir darauf geachtet, dass unsere Knödel jeweils 80 g haben.

Butterschmalz in der Pfanne heiß werden lassen und die Laibchen darin goldbraun braten, mehrmals wenden. Auf Küchenpapier abtropfen lassen.

Danach kommen die Kaspressknödel als Einlage in die vorbereitete Suppe/Brühe, gern mit Schnittlauch obenauf. Auf der Hütte haben wir mangels frischen Schnittlauchs auf unsere Gerichte oft eine Kerndlmischung gegeben: Sonnenblumen, Kürbiskerne, Sesam weiß und schwarz, kurz in einer beschichteten Pfanne mit etwas Öl geröstet und auf die Knödel gegeben – ein Traum!

Montag, 15. Juni 2015

Wieder allein

Heute Morgen sind Chris und Kathi zurück ins Tal gegangen. Chris hat mir vorsorglich eine To-do-Liste da gelassen, damit mir nicht langweilig wird. Bei den meisten Dingen handelt es sich um Vorbereitungen in der Küche, damit wir schnell etwas auftischen können, wenn mehrere Gäste auf einmal eintrudeln.

Ich bereite also Marillen (Aprikosen) für Marillenknödel vor, indem ich die Marillen entsteine und mit je einem Stück Würfelzucker fülle. Wird bestimmt köstlich schmecken! Danach putze ich zwei Kisten Karotten und schneide sie in Würfel. Die reinste Sträflingsarbeit! Eigentlich mag ich Karotten. Früher, im Garten meiner Mutter, habe ich es geliebt, Karotten direkt aus dem Beet zu ziehen und nach kurzem Abwaschen direkt zu verspeisen. Aber zwei komplette Kisten Karotten zu putzen und in Würfel zu schneiden ist echt zu viel. Wussten Sie, dass man davon schwarze Finger und Fingernägel bekommt? Am Ende friere ich die Karottenwürfel ein, so dass sie nun portionsweise für Suppen, Chili und andere Gerichte zur Verfügung stehen.

Das Wetter ist immer noch scheußlich, auch im Tal. Es regnet ohne Unterlass, da schickt man keinen Hund vor die Tür. Deshalb kommen natürlich auch keine Gäste. Ich denke an Chris, der im Regen unten im Tal den Parkplatz aufräumt und wahrscheinlich am Mittwoch wiederkommen wird. Ich staune und bewundere, mit wie viel Engagement und Herzblut er die Hütte betreibt. Aus meiner Sicht ist der Aufwand, um die Hütte für rund drei Monate zu bewirtschaften, gigantisch. Ich hoffe sehr für Chris, dass sich die Mühe lohnt.

Nicht nur draußen, sondern auch in der Hütte ist es ziemlich kalt. Ich bemühe mich, die Küche und die Stube einigermaßen warm zu halten, ohne zu viel Holz zu verbrauchen. Gar nicht so einfach! Aber es hilft, dass ich so viel zu tun habe: Bei der Arbeit wird es mir nicht so schnell kalt.

Dienstag, 16. Juni 2015

Kaiserschmarrn à la Hanne

Zugegeben: Die Nacht war eisig. Ich kann nicht oft genug erwähnen, wie froh ich um meinen mitgebrachten Schlafsack bin. Heute Nacht habe ich zum ersten Mal auch den seidenen Hüttenschlafsack verwendet. Mit dem dünnen Seidenschlafsack, meinem leichten Daunenschlafsack und der Sommerbettdecke wurde mir dann doch schön warm und ich konnte sehr gut schlafen.

Nach dem Aufstehen mache ich mich zuerst über die Küche her. Ich räume die Schränke aus und mache sie sauber, spüle das Geschirr und finde auch sonst noch einige andere Dinge zu tun – Hauptsache, ich muss nicht die letzte Kiste Karotten in Angriff nehmen. Chris schreibt mir per WhatsApp, dass heute wahrscheinlich zwei Holländer kommen werden. Ich kann mir das zwar kaum vorstellen, aber Chris schmunzelt, die beiden seien bei fast jedem Wetter unterwegs. Ich kümmere mich weiter um die Küche und werfe ab und zu einen Blick Richtung Tal, denn man kann herannahende Gäste etwa eine halbe Stunde vor ihrer Ankunft bereits sehen.

Chris hat mir aufgetragen, einen Kaiserschmarrn nach seinem Rezept auszuprobieren, damit ich ihn schon mal anbieten kann, auch wenn er nicht da ist. Im Gefrierfach sind noch Heidelbeeren, die ich gut zu dem Kaiserschmarrn anbieten kann. Dann muss ich kein neues Apfelmus anbrechen.

Tatsache, der Kaiserschmarrn gelingt mir wirklich gut. Das Schwierigste war das Flambieren. Man gießt Rum in die Pfanne und muss dann die Flamme des Gasherdes so einstellen und ausrichten, dass der komplette Schmarrn flambiert wird und nichts anbrennt. Beim nächsten Mal muss ich noch etwas mehr Zucker nehmen. Aber geschmeckt hat mein Kaiserschmarrn!

Ich schaue wieder aus dem Fenster ins Tal und erblicke tatsächlich die beiden Wanderer. Nicht zu fassen, dass die bei dem Sauwetter echt unterwegs sind. Beide tragen größere Rucksäcke, und ich stelle mich darauf ein, dass sie über Nacht bleiben. Fieberhaft überlege ich, was ich jetzt schon zubereiten kann und was ich den Gästen anbieten werde.

Kasspatzen traue ich mir noch nicht zu. Aber für Gulaschsuppe, Nudelsuppe mit Würstchen, Kaspressknödelsuppe und Heidelbeerschmarrn bin ich bestens gerüstet.

Kaiserschmarrn

Der Kaiserschmarrn darf natürlich auf keiner Hütte fehlen! Wir hatten ein ganz tolles Rezept, aber wie auch schon beim Brot, liegt das Geheimnis oft nicht nur in den Zutaten, sondern in der Zubereitung. Ich hoffe, ich kann Euch hier ein paar Kniffe verraten, damit auch bei Euch zu Hause der Kaiserschmarrn gut gelingt.

250 g	Mehl
500 ml	Milch
1 EL	Zucker (für Teig)
1 Pr.	Salz
1	Bourbon Vanille (nach Belieben)
6	Eier (getrennt)
50 g	Butterschmalz
50 g	Butter
100 g	Rosinen (nach Belieben)
5 EL	Grappa oder Rum (nach Belieben)
2 EL	Zucker (zum Karamellisieren)
4 TL	Puderzucker zum Bestreuen

Das Rezept habe ich nach meinem Hüttenaufenthalt etwas verfeinert, da wir auf der Hütte natürlich nicht immer die Chance hatten, z. B. Rosinen einzulegen, oder mangels Stroms keinen Eischnee schlagen konnten.

Die Rosinen in 5 EL Grappa mindestens eine halbe Stunde einlegen. Wer keinen Alkohol mag, nimmt Wasser oder Apfelsaft.

Das Eigelb mit dem Zucker, einer Prise Salz und der Vanille schaumig schlagen. Nach und nach abwechselnd Milch und Mehl hinzugeben.

Eiweiß zu einem festen Eischnee aufschlagen. 1/3 des Eischnees kräftig von Hand unterrühren, den Rest langsam, aber gründlich unter die Teigmasse heben. Es sollten keine Eiweißflocken mehr zu sehen sein.

In einer großen Pfanne das Butterschmalz zerlassen und den Teig 1 bis 1,5 cm hoch eingießen. Sofort die Rosinen darüber streuen.

Und jetzt ganz wichtig: Deckel auf die Pfanne. Falls kein Deckel vorhanden, kann eine zweite gleich große Pfanne (vorgewärmt) als Deckel dienen (umgedreht auf die Teigpfanne setzen). Das ermöglicht es dem Teig, leichter „aufzugehen", so wird er schön locker und luftig. Hitze etwas reduzieren und goldgelb backen lassen.

Sobald fast goldgelb, noch etwas Butter dazugeben und nachdunkeln lassen. Dann wenden, nochmal Butter vom Rand her hinzugeben und auch die zweite Seite goldgelb anbacken. Der Teig muss fluffig bleiben, darf nicht trocken werden. Dann muss es schnell gehen:

Teig zügig in mundgerechte Stücke teilen (mit zwei Gabeln oder Pfannenwendern reißen).

Mit 2 EL Zucker bestreuen und kurz mit etwas mehr Hitze karamellisieren lassen. Auf Wunsch noch mit einem Schuss Grappa flambieren. Auf Tellern anrichten und mit reichlich Puderzucker bestäuben. Wir haben den Kaiserschmarrn mit Zwetschgenröster oder mit Apfelmus im kleinen Schälchen am Teller serviert. Alternative: statt Rosinen Blaubeeren auf den Teig geben (können auch gefroren sein). Dann entfällt auch der Zwetschgenröster bzw. das Apfelmus.

Masse reicht für 2-3 Pfannen (ø 26-28), 1 Pfanne ist ein Hauptgericht.

Guten Appetit!

Ich begrüße die durchnässten Wanderer an der Tür. Sie treten ein und gehen gleich weiter in den Trockenraum. Kennen die sich hier aus? Scheint so. Eric und seine Frau Maria aus Amsterdam waren letztes Jahr schon hier und sind Fans der Hütte. Eric war vor 25 Jahren bereits hier und kommt seitdem immer wieder. Der große, attraktive Holländer und seine ebenso schöne junge Frau sind sehr nett und aufgeschlossen. Sie sind voll ausgerüstet, ziehen ihre Bergschuhe im Trockenraum aus und erscheinen mit Badeschlappen in der Gaststube. Zum Glück hatte ich den Ofen schon eingeheizt, so dass die beiden sich aufwärmen können. Sie kündigen an, dass noch zwei Freunde von ihnen kommen werden, die aber zum ersten Mal dabei sind und deshalb etwas länger brauchen. 20 Minuten später stehen sie vor der Tür: Rudi und Tamara, ebenfalls aus Amsterdam. Auch sie sind sehr sympathisch. Es entspannt sich ein Gespräch um die Hütte, wie urig und gemütlich sie doch sei, viel schöner als die umliegenden größeren Hütten. Darüber freue ich mich natürlich, denn irgendwie ist die Hütte ja jetzt auch „meine".

Mit Chris halte ich über WhatsApp Kontakt. Bevor ich die Gulasch- und die Nudelsuppe serviere, schicke ich ihm ein Foto von den gefüllten Suppentellern, und er erinnert mich an die Chilifäden als Deko, die ich vergessen habe. Diese Kleinigkeiten machen den Unterschied.

Nach anderthalb Stunden gehen die vier netten Holländer wieder, und ich bekomme zum ersten Mal Trinkgeld. Juchuh! Ich bringe die Küche wieder in Ordnung, nehme mir endlich die letzte Kiste Karotten vor, und dann lasse ich es für heute gut sein. Ich gönne mir selber eine Portion der herrlichen Gulaschsuppe und freue mich jetzt erst einmal auf mein warmes Bett. Und darauf, dass Chris morgen wiederkommt.

Mittwoch, 17. Juni 2015

Saisonvorbereitung

Seit ich hier bin, haben mich viele aufmunternde und motivierende Kommentare von Freunden und Familie erreicht. Danke dafür! Der Kontakt zur „Außenwelt" und das Schreiben helfen mir sehr.

Als ich heute Morgen erwachte, begrüßten mich tatsächlich ein blauer Himmel und Sonnenschein. Kalt ist es noch immer, aber ich merke, wie ich jeden Tag ein kleines bisschen besser damit zurechtkomme. Ich habe mir wohl vorher nicht klar gemacht, dass die Höhenluft und die gesamte Umstellung meinem Körper doch mehr abverlangen als erwartet.

Chris und Kathi haben mich darauf aufmerksam gemacht, wie wichtig es ist, in der Höhe viel zu trinken – natürlich keinen Alkohol... Allerdings ist das Wasser hier oben so rein, dass es so gut wie keine Mineralien enthält. Sogar die Kaffeemaschine erkennt deswegen nicht, wenn Wasser im Behälter ist! Dieses Problem lässt sich durch eine kleine Prise Salz beheben. Was die Menschen betrifft: Da wir hier oben auch kaum frisches Obst und Gemüse zu uns nehmen, müssen wir auf andere

Weise Vitamine zuführen. Als fürsorglicher Chef sponsert Chris Vitamintabletten. Ich habe auch schon zwei Freunde, die mich besuchen wollen, mit dem Transport meiner eigenen Spezial-Vitaminbomben beauftragt.

Chris hat heute Morgen als erstes mein sonniges Bergpanorama, das ich ihm aufs Handy geschickt hatte, auf Facebook gepostet. Danach rief er mich an und teilte mir mit, dass er am Nachmittag zurückkäme. Für den Fall, dass Gäste kämen, empfahl er mir, eine Suppe anzusetzen und Kasspatzen vorzukochen. Naja, denke ich mir, wer wird denn mitten in der Woche nach drei Tagen Regen hier herauf kraxeln? Aber natürlich folge ich als brave Mitarbeiterin seinem Rat und koche eine kräftige Suppe. Sie muss salziger sein als im Tal, da die Wanderer beim Aufstieg viel schwitzen und viel Salz verlieren. Es ist zwar nicht so einfach, fünf Liter Suppe abzuschmecken, aber sie gelingt mir ganz gut.

Danach widme ich mich dem unvermeidlichen Rest Karotten. Sie nehmen einfach kein Ende! Ich bin so vertieft in das Putzen und Schneiden dieser blöden Mohrrüben, dass ich richtig erschrecke, als plötzlich die Glocken bimmeln und einen Gast an der Eingangstür ankündigen. Erst 11 Uhr, und schon ist jemand da? Ich gehe raus und begrüße den neuen Gast: ein älterer Wanderer, sonnengegerbt und ein wenig knorrig. Er murmelt irgendetwas Unverständliches vor sich hin, so dass ich davon ausgehe, dass er kein Deutsch spricht. Ich spreche ihn auf Englisch an, er antwortet entsprechend. Ich muss zugeben, dass er mir ein wenig unheimlich ist.

Etwas nassforsch zeige ich ihm den Trockenraum und bitte ihn in die Stube. Er murmelt etwas, und ich verziehe mich in die Küche. Mist, ich habe doch tatsächlich vergessen, den Ofen für die Gäste anzuheizen. Das hole ich ganz schnell nach. Die Türglocke bimmelt wieder, ein weiterer Wanderer tritt ein, und kurz darauf kommt noch einer. Nun habe ich also drei Wanderer im Haus, die offenbar alle zusammengehören. Ich bin froh, mit dem komischen Kauz nicht allein zu sein.

Den dreien biete ich meine köstliche Suppe mit Kaspressknödeln an und sie nehmen sie gern. Kässpatzen traue ich mir allein noch nicht zu. Die drei Wanderer zahlen und wir plaudern noch ein bisschen. Der komische Kauz macht einige merkwürdige Bemerkungen bezüglich des Preises für das Teewasser, aber seine Begleiter lachen nur und meinen, ich solle ihn nicht so ernstnehmen. Der sei immer so. Na dann. Die drei ziehen wieder von dannen und beginnen ihren Abstieg fast im Laufschritt. Unglaublich, diese einheimischen Wanderer!

Kurze Zeit später sehe ich Chris den Weg entlang kommen. Er ist voll bepackt mit einem Bundeswehrrucksack, der bestimmt 20 bis 25 Kilo wiegt. Neben vielen Kleinigkeiten schleppt er doch tatsächlich eine SAT-Schüssel den Berg hinauf. Wir hatten am Sonntag herumgealbert, wie lustig es doch wäre, wenn wir hier oben den „Tatort" schauen könnten. Anscheinend hat Chris die Idee so begeistert, dass er sie gleich in die Tat umsetzen und versuchen will, hier oben Empfang zu bekommen. Was für ein Luxus!

Unterwegs hat Chris, wie er erzählt, vier deutsche Wanderer überholt, die wohl bald eintreffen werden. Tatsächlich: Kurz darauf stehen zwei schwäbische Ehepaare in der Hütte. Sie sind bester Laune und freuen sich, dass die Hütte schon geöffnet hat. Einer der Männer fragt mich, ob ich die Deutsche sei, die hier oben für ein paar Monate arbeite. Ich wundere mich natürlich, woher er das weiß. Er sagt, die Wirtin des Gasthauses im Tal, in dem sie übernachtet haben, hätte ihm von der Deutschen erzählt, die letzte Woche eine Nacht bei ihr gebucht hatte, dann aber wieder absagen musste, weil sie kurzfristig früher auf die Hütte musste. Sie habe sich sehr gefreut, dass ich mich entschuldigt hätte, und lässt schöne Grüße ausrichten. Wie nett!

Auch die neuen Gäste aus Schwaben nehmen das Angebot der Kaspressknödel an und lassen es sich schmecken. Nach ein paar Bier und einigen Schnäpsen kommen wir ins Gespräch und sie wollen wissen, was mich auf die Hütte verschlagen hat. Eins der beiden Paare meint, sie würden so etwas auch gerne einmal machen. Das haben auch die Holländer gestern schon gesagt. Interessant, wie viele Menschen mit dem Gedanken spielen, für eine Weile auszusteigen und auf einer Berghütte zu arbeiten. Wenn die wüssten!

Nachdem schließlich auch diese Gäste wieder gegangen sind, machen Chris und ich uns daran, die Hütte weiter für die bevorstehende Saison vorzubereiten. Ich packe alle frisch und einzeln gefrorenen Lebensmittel in Plastikbeutel, um Platz in der Gefriertruhe zu schaffen. Chris repariert währenddessen die Wasserleitung, die von der Quelle im Gebirge zu unserer Hütte führt. Dann packt er das Badefass aus und lässt es voll Wasser laufen. Das ist natürlich eine Attraktion! Ein Holzbadezuber auf 2.500 Metern Höhe, umgeben von einem unnachahmlichen Panorama-Bergblick. Das Fass bietet ausreichend Platz für vier bis sechs Personen, wird mit Gebirgswasser befüllt und mit Holz befeuert. Eine Art Whirlpool mitten in den Bergen, nur dass das Wasser nicht blubbert.

Dann schließen wir auch alle Getränke-Fässer im Keller an, damit wir Bier, Weizen, Hollersekt (Limo) und Soda direkt aus den Zapfhähnen in der Küche in Gläser füllen können. Die Satellitenschüssel ist ebenfalls montiert, funktioniert aber leider nicht, weil irgendein Teil nicht passt. Ich muss zugeben, dass ich dem Elektriker, der Chris die Schüssel verkauft hat, wünsche, dass er das passende Teil persönlich zu Fuß auf die Hütte bringen muss.

Um 20 Uhr beschließen wir, dass wir es für heute gut sein lassen, und jeder von uns macht sich etwas zum Abendessen. Beim Essen frage ich Chris, ob er für besondere Gäste ausnahmsweise auch mal ein Spezialgericht auf Wunsch kochen könne. „Ja mei, des kemma scho macha", antwortet er, und ich freue mich, denn mein Neffe Lars hat angekündigt, mich besuchen zu kommen – aber nur, wenn wir ihm ein Wiener Schnitzel zubereiten. Chris meint zu Recht, dass wir uns schließlich auch freuen, wenn es mal etwas anderes zum

Essen gibt. Er wird das Fleisch extra im Tal einkaufen und hoch bringen. Für Lars macht er das!

Freitag, 19. Juni 2015

Schaufensterpuppen und Holzpakete

Allmählich kann ich besser schlafen. Zwar ist das Bett mitsamt Matratze immer noch nicht bequemer geworden, aber mein Körper scheint sich daran gewöhnt zu haben. Auch mit der Kälte komme ich zunehmend besser zurecht. Allerdings fiel mir vor ein paar Jahren während meiner Zeit in Orlando die Gewöhnung an die Hitze in Florida sehr viel leichter...

Chris scheint, was Kälte betrifft, vollkommen schmerzfrei zu sein. Deshalb traue ich mich nicht, „einfach so" den Ofen anzuschüren, stattdessen geht es nach dem Frühstück gleich wieder an die Arbeit. Da das Wetter heute nicht so schön ist, erwarten wir keine Gäste. Also nutzen wir die Zeit, um Biertische und Bierbänke nach draußen zu schleppen und aufzubauen. Auch neu angeschaffte Sonnenstühle packen wir aus und bauen sie auf, so dass man es sich bei Sonnenschein schnell bequem machen kann.

Dann gibt es noch eine ganz besondere Aufgabe für mich: Schaufensterpuppen neu anziehen und dekorieren. Die Hütte wird von dem norwegischen Sportartikelhersteller Bergans gesponsert, der tolle Klamotten herstellt – und für diese werben die Puppen. Auch ich habe ein Set Arbeitskleidung der

Norweger bekommen, das ist auch für mich neu. Bisher musste ich mir meine Arbeitskleidung immer für viel Geld selbst kaufen. Beim Anziehen der Puppen merke ich allerdings, dass ich aus gutem Grund nicht den Beruf der Schaufensterdekorateurin ergriffen habe. Ich finde es ziemlich mühsam, die Arme und Beine der Puppen auszuklinken, sie irgendwie anzuziehen und alles wieder zusammenzusetzen. Meine Lieblingsbeschäftigung wird das jedenfalls nicht.

Als Chris mich fragt, ob mir wieder kalt sei, bejahe ich sofort. Seine Reaktion: „Dann lass uns nochmal rausgehen. Wir müssen draußen weitermachen, so lange es trocken ist." Und ich dachte, wir wären fertig... Aber wir müssen noch das Holz auspacken, das der Heli gebracht hat. Da es so viel geregnet hat, würde es sonst anfangen zu schimmeln. Eigentlich hatten wir ja beschlossen, dass Adrian, der Dritte im Bunde, den wir hier auf der Hütte noch erwarten, das übernehmen soll, sobald er da ist. Aber leider hat er an der Uni noch Prüfungen und kann daher erst am 1.7. kommen. So ein Mist, jetzt müssen wir das Holzauspacken alleine übernehmen.

Wir fangen mit vier Big Packs an, die jeweils 350 Kilo Holz enthalten. Ich packe Holzscheit für Holzscheit aus, werfe es Chris zu, er schichtet das Holz auf. Ein Fitness-Studio brauche ich hier oben auf jeden Fall nicht. Nach kurzer Zeit ist mir ziemlich warm, und dann kommt sogar noch die Sonne raus. So macht die Arbeit am Ende sogar Spaß, auch weil wir so gut Hand in Hand zusammen arbeiten.

Wir arbeiten ziemlich lange, irgendwann sind wir endlich fertig. Ich glaube, Chris ist auch ganz zufrieden. Dann allerdings sagt er, dass oben am Badefass noch weitere vier Big Packs mit Holz liegen, die wir eigentlich auch noch auspacken müssten. „Naja, jetzt, wo wir schon mal warm sind, können wir uns die auch noch gleich vornehmen", höre ich mich zu ihm sagen. Gesagt, getan, also nehmen wir uns die vier Packs noch vor. Anschließend sind wir fix und fertig und uns ziemlich einig, dass das künftige Holzhacken Adrians Aufgabe sein wird – und zwar alleine! Wir haben genug geschleppt. Adrian wird sich vielleicht nicht gerade darüber freuen, aber wie heißt es so schön? Wer zu spät kommt, den bestraft das Leben.

Ich war davon ausgegangen, dass Chris die Big Packs mit dem Holz gekauft habe – bis er mir erzählt, dass er das Holz selbst im Wald geschnitten und in die Bags gepackt hat. Kathi hat ihm beim Verpacken geholfen. Ich bin ziemlich beeindruckt und staune einmal mehr, mit wie viel Engagement sich Chris und seine Helfer für das Betreiben dieser Hütte einsetzen und wieviel Vorbereitung dafür nötig ist. Sollte ich in Zukunft wieder einmal auf einer Wanderung sein und eine Hütte betreten, werde ich mit deutlich mehr Respekt als früher zu würdigen wissen, was dort angeboten wird.

Ich muss zwar einerseits zugeben, dass ich mit dem Mangel an Komfort auf der Hütte etwas hadere, andererseits sehe ich, dass man (bzw. frau) auch so wunderbar auskommen kann. Ich vermisse es weder, einkaufen oder shoppen zu gehen, noch vermisse ich meinen bisherigen Job. Auch mit der eingeschränkten Essensauswahl komme ich ganz gut zurecht. Das kalte Wasser und die begrenzten Möglichkeiten, warm zu duschen, sind zwar gewöhnungsbedürftig, aber selbst das lässt sich ganz gut aushalten. Bisher bewege ich mich noch in einem recht eingeschränkten Radius um die Hütte, weiter hat es mich bislang jedoch auch noch nicht gezogen. Das Einzige, was ich wirklich vermisse, ist der persönliche Kontakt zu meiner Familie und meinen Freunden. Aber immerhin gibt es hier oben WLAN, so dass ich immer mit ihnen in Verbindung sein kann. Telefonieren kann ich allerdings nur an einer bestimmten Stelle draußen vor der Hütte. Im Notfall müsste ich das Hüttentelefon nutzen.

Nach der Holzaktion sind Chris und ich erschöpft und uns knurrt der Magen. Chris kocht uns schnell Nudeln mit Allerlei, und hungrig fallen wir über das Essen her. Kaum sind wir fertig – es ist mittlerweile 17.30 Uhr –, stehen plötzlich zwei unerwartete Gäste vor der Tür. Es sind zwei Einheimische, die gelegentlich abends mal kurz auf den Berg wandern, hier eine Kleinigkeit essen und trinken, und dann wieder runterwandern. Ein nettes Paar, das ankündigt, demnächst zum Übernachten zu kommen, um am Folgetag den Gipfel zu besteigen.

Nach einem erschöpfenden Tagesprogramm, das mir sogar ein wenig Spaß gemacht hat, falle ich einmal mehr in mein mittelmäßig bequemes Bett.

Samstag/Sonntag, 20./21. Juni 2015

Sommersonnwende

Am Wochenende, wenn die meisten Leute frei haben, ist hier oben auf der Hütte Hochkonjunktur. Allerdings hat an diesem Sommersonnwend-Wochenende die Saison noch nicht richtig angefangen, und das Wetter könnte auch sommerlicher sein. Momentan messen wir etwa drei Grad über Null, bei dem starken Wind fühlt es sich allerdings eher wie minus sieben Grad an. Sommersonnenwende quasi im Schnee – das habe ich auch noch nicht erlebt.

Für das Wochenende haben einige Gäste mit Übernachtung gebucht, aber angesichts des wenig einladenden Wetters machen Chris und ich uns keine große Hoffnung, dass tatsächlich jemand auftauchen wird, geschweige denn, dass spontan entschlossene Wanderer vorbeikommen. Deshalb backen wir keinen Kuchen und bereiten auch sonst nichts Großartiges vor.

Stattdessen räumen wir ein wenig lustlos auf, haben wir doch in den letzten Tagen schon so viel geschuftet. Am Vormittag schneien dann aber im wahrsten Sinne des Wortes doch vier junge Leute herein und möchten gern essen und trinken. Dann stellen sie zum allgemeinen Erschrecken fest, dass sie alle vier ihr Portemonnaie vergessen haben. Aber zum Glück haben wir hier oben ja Internet, so dass sie den Betrag für Essen und Trinken überweisen können. Sie sind erleichtert – und wir freuen uns natürlich auch.

Am Nachmittag entdecken wir in der Ferne plötzlich drei Wanderer Richtung Hütte laufen. Also ist bei dem Wetter doch jemand unterwegs. Das bringt uns natürlich nicht aus der Ruhe. Als die drei ankommen, erscheint plötzlich ein weiterer Wanderer, der noch drei Jungs im Schlepptau hat. Manche Unverwegenen hält auch das schlechteste Wetter nicht ab. Einer erscheint sogar in kurzen Hosen, allerdings mit langen Strümpfen, was ein wenig seltsam aussieht. Aber wenn's wärmt! Innerhalb kürzester Zeit haben wir so acht Gäste im Haus, und alle wollen übernachten und wünschen Halbpension. Jetzt wird es in der Küche nun doch etwas hektisch. Natürlich bekommen wir das hin. Für Chris sind acht Leute ja kein Problem, während ich mit acht verschiedenen Essen, die gleichzeitig fertig sein sollen, schon noch einige Schwierigkeiten habe.

Nachdem sich alle gestärkt und aufgewärmt haben, wollen sie nochmal raus und brechen auf. Bei der Dreiergruppe, die zuerst ankam, handelt es sich um Hobbyfotografen, die das Wetter mit Wolken, Nebel, Schneegraupel und Sonnenschein faszinierend finden. Sie freuen sich über die vielfältigen Stimmungen, die sie fotografieren können. Es ist halt alles eine Frage der Perspektive.

Die Fünfergruppe ist bunt gemischt, Männer im Alter von 55 bis 75. Zwei davon sind superfitte Wanderer aus Traunstein. Die beiden wollen unbedingt noch auf den Gipfel, denn der Weg hoch zu unserer Hütte war für sie keine echte Herausforderung. Die drei anderen Männer kommen aus

Würzburg, Heidelberg und Kiel. Sie sind Archivare, beschäftigen sich also, kurz gesagt, mit alten Büchern und treffen sich seit zehn Jahren einmal jährlich zum Wandern. Die drei Nordlichter sind naturgemäß nicht ganz so fit im Wandern, und selbst der 75-jährige Traunsteiner läuft ihnen locker davon. Aber das stört keinen, stattdessen läuft halt jeder in seinem Tempo, der eine schneller, der andere langsamer. Ich denke mir, dass Frauen sicher anders zusammen wandern würden. Die wollen zusammen ankommen. Zumindest war es in unserer Mädels-Wandergruppe immer so.

Am Sonntagmorgen ist das Wetter noch schlechter und kälter. Wieder haben sich zwei Übernachtungsgäste angemeldet, und wieder ist die Wahrscheinlichkeit, dass sie nicht kommen, recht hoch. Chris entscheidet, dass er bereits heute runter ins Tal geht, um einzukaufen und um vor allem noch den Elektriker aufzusuchen, damit wir endlich unsere SAT-Schüssel in Betrieb nehmen können. Wir werden es doch wohl noch hinbekommen, uns am Sonntag einen Tatort anzuschauen.

Die Dreiergruppe der Fotografen hat sich verabschiedet und ist abgereist. Die Fünfergruppe der Archivare möchte gern noch eine weitere Nacht bleiben, so dass ich also doch fünf Gäste im Haus haben werde, wenn Chris nicht da ist. Inzwischen schreckt mich das nicht mehr. Außerdem gehen die fünf erstmal die Gegend erkunden, und so wie ich sie einschätze, kommen sie frühestens in acht Stunden zurück.

Um halb zehn sind alle Gäste unterwegs, und Chris macht sich mit seinem Bundeswehrrucksack, gefüllt mit Plastikmüll, an den Abstieg. „Wenn ich unterwegs jemandem begegne, der auf dem Weg zur Hütte ist, gebe ich Dir Bescheid", sagt er zum Abschied. Eine Stunde später erreicht mich tatsächlich eine Mitteilung, dass „2,5 + 2" Wanderer unterwegs seien. Was das wohl heißen soll? Begeistert bin ich nicht, denn eigentlich hatte ich mich auf einen zwar kalten, aber immerhin ruhigen Sonntag gefreut. Chris meint, ich solle am besten Kraut und Gulaschsuppe vorkochen. Brot backe ich auch noch, es ist nicht mehr genügend da. Dann stehen die Gäste auch schon vor der Tür: zuerst zwei Italiener mit einem etwa zehnjährigen Jungen. Der Vater des Kindes ist ziemlich unfreundlich und will sich selbst verpflegen. Als ich ihm freundlich, aber bestimmt erkläre, dass das leider nicht geht, weil wir keine Selbstversorger-Hütte betreiben, ist er beleidigt. Er bestellt etwas, gibt aber nach dem Essen kein Trinkgeld.

Wenig später kommt ein junges holländisches Pärchen. Die junge Frau will ihrem Liebsten die Gegend und die Hütte zeigen, in der sie schon als Kind mit ihren Eltern unterwegs war. Beide trinken einen Kakao, drücken den Hüttenstempel in ihr Heft und ziehen wieder von dannen. So werde ich meine vorbereiteten Speisen nie los!

Später kommt noch ein Paar aus dem Dorf. Beide kennen Chris und haben schon bemerkt, dass sein Auto nicht unten auf dem Parkplatz steht. Sie freuen sich auf etwas Leckeres zum Essen und zum Trinken. Endlich zwei dankbare

Abnehmer meiner Gulaschsuppe! Das Paar trinkt zum Abschluss noch einen Marillenschnaps und macht sich anschließend wieder auf den Heimweg.

Kaum sind sie weg, steht das nächste Paar vor der Tür: zwei Wiener, die selbst im Nachbartal auf gleicher Höhe eine Hütte betreiben und gerade hier in der Gegend Urlaub machen. Die wissen, was es bedeutet, so eine Hütte zu bewirtschaften. Nach einem guten Essen und einem sehr großzügigen Trinkgeld gehen auch sie wieder ins Tal.

Inzwischen ist es fast Abend. Die fünf Archivare kommen zurück und machen es sich zum Abendessen bequem. Sie erzählen mir ganz begeistert von ihren Touren, ihren Büchern, und philosophieren mit einer Ernsthaftigkeit über den Ursprung bestimmter Wörter, dass ich ganz fasziniert bin. Wer denkt heute noch darüber nach, woher bestimmte Wörter kommen? Die fünf sind sich einig, dass es auch hier oben auf dieser Hütte Bücher geben sollte, damit die Gäste etwas zum Blättern und zum Lesen haben. Drei der fünf Männer führen eigene Antiquariate, und so kommen sie auf die Idee, Bücher für unsere Hütte zu spenden. Ich erzähle ihnen, dass es früher hier Bücher gab, Chris inzwischen aber keine mehr auslegen möchte, weil sie regelmäßig Beine bekommen haben. Die Männer meinen, das mache doch gar nichts, sondern es sei doch zu begrüßen, wenn die Menschen Bücher mitnähmen. Nun, ob Chris sich allerdings so freuen wird, Bücher hier heraufzutragen, damit diese dann geklaut werden, bezweifle ich. Mal sehen, ob aus der Idee etwas wird.

Schließlich geht ein langer Tag, der um 6.30 Uhr begann, zu Ende, und wir gehen alle schlafen. Es ist interessant und faszinierend, welche Menschen hier herauf kommen und wie sie so sind. Ein Gast sagte gestern: „Willst du einen Menschen kennenlernen, geh mit ihm in die Berge. Dort wirst du sehr schnell sein wahres Gesicht sehen." Ich glaube, da ist etwas dran.

Montag, 22. Juni 2015

Ruhiger Montag? Von wegen!

Nach einem ausgiebigen Frühstück hat sich die Fünfergruppe heute verabschiedet. Vorher haben wir noch Adressen ausgetauscht, damit die Herren Archivare die Bücher schicken können. Und natürlich haben sie sich in unser Hüttenbuch eingetragen. Das ist für viele Bergwanderer ja eine ganz wichtige Sache – ich glaube, ich habe noch gar nicht davon erzählt, oder? In jeder Hütte liegt ein Buch aus, in das man sich eintragen kann. Man trägt den Namen, die Wanderroute, die nächste Station usw. ein. Unsere fünf Wanderer tragen natürlich ganz genau ein, welche Scharten und Wege sie gelaufen sind, welche Gipfel sie erklommen haben und was sie bis morgen noch alles vorhaben. So viel, wie die da in ein paar Tagen wandern, schaffen andere in einem ganzen Jahr nicht.

Heute wollen die fünf am Ende des Tages auf der Wangenitz-Hütte ankommen. Umgekehrt kommen vier Leute von dort zu uns, hat mir der Wirt der Wangenitz-Hütte vorhin mitgeteilt. Es wird also wieder mal nichts mit einem ruhigen Tag.

Tatsächlich trudeln die vier Wanderer gegen 14 Uhr ein und wirken ganz schön geschafft. Als ich sie an der Tür empfange, begrüßen sie mich gleich ganz persönlich: „Hey, Du bist doch die Hanne? Man hat uns gesagt, Du machst einen ganz tollen Heidelbeerschmarrn." Da war ich verdutzt. Die vier sind doch tatsächlich auf dem Weg unserer Fünfergruppe begegnet, und anscheinend wurden gleich einige Informationen ausgetauscht. So schnell sprechen sich Neuigkeiten in den Bergen herum. Ich bin beeindruckt. Die vier Gäste wollen gern gleich etwas essen und trinken. Da sie danach ziemlich müde erscheinen, biete ich ihnen an, dass sie gleich ins Schlaflager gehen können, wenn sie mögen. Das Angebot nehmen sie gerne an und legen sich etwas hin.

Eigentlich hatte ich nicht mit weiteren Gästen gerechnet, aber ich werde einmal mehr überrascht. Zwei Frauen – die eine sicher älter als 50, die andere älter als 60 – kommen den Berg hoch und wollen bei uns Pause machen. Beide kommen aus Dresden und verbringen hier eine Woche Urlaub in den Bergen. Ihr alter Renault hat nur mühsam den Weg zum Parkplatz unten bewältigt. Von dort aus sind sie los gelaufen. Die ältere der beiden Damen ist sehr interessiert an der Hütte und ihrer Bewirtschaftung und erzählt auch viel. Sie hat eine sehr positive, gutmütige Ausstrahlung und ist mir gleich sympathisch. Die beiden Damen essen einen Heidelbeerschmarrn und teilen mir mit, dass sie sowohl das

Essen als auch die Hütte weiterempfehlen werden. Solche Gäste hat man gern! Anschließend trinken sie noch ein, wie sie es nennen, „Schneggerl", da sie schließlich in den letzten Tagen sehr genügsam gewesen seien. Dann machen sie sich wieder auf den Weg.

Kurz darauf wachen die vier Männer auf und fühlen sich wieder fit und ausgeruht. Was für eine interessante Gruppe! Es sind zwei Brüder um die fünfzig mit ihren Söhnen, die ich auf Mitte zwanzig schätze. Seit die Jungs zwölf sind, gehen alle vier regelmäßig in die Berge. Sie kommen aus Unterfranken bzw. aus München. Nachdem sie jetzt wieder munter sind, machen sie es sich bequem und spielen erst Karten und dann Mensch-ärgere-dich-nicht – und haben dabei eine Menge Spaß. Ich komme mit den beiden Männern ins Gespräch. Beide erzählen mir, dass sie aktuell auch darüber nachdenken, dass das „Höher-Weiter-Schneller" im Job doch auf lange Sicht nicht auszuhalten sei und dass sie überlegen, wie es weitergehen soll. Während der eine über den Vorruhestand nachdenkt, hat der andere gerade eine Familie gegründet, so dass er nicht einfach so aus seinem Hamsterrad aussteigen kann. Beide Männer beneiden mich jedenfalls um meine „Auszeit", und einer der beiden, der Münchner, sagt, er würde so etwas auch mal gerne tun. Wenn der wüsste!

Ich muss allerdings zugeben, dass ich mich immer mehr an den mangelnden Komfort und die harte Arbeit hier oben gewöhne. Ich finde es zwar immer noch saukalt, und das Bett ist nach wie vor hart, aber inzwischen kann ich dennoch schlafen. Das Bewirten der Gäste macht mir Spaß, ebenso wie das Kochen – vor allem, wenn die Besucher in meinem Heidelbeerschmarrn versinken.

Was mir hier oben fehlt, ist Zeit für mich und zum Nachdenken sowie mein Sport. Ich hoffe, dass ich einiges kompensieren kann, wenn das Wetter besser wird und ich regelmäßig eine Stunde draußen gehen kann. Da es hier ohnehin nur auf oder ab geht, sollte mich das ausreichend auf Trab halten. Aber ich muss erst noch den Rhythmus dazu finden. Ich arbeite hier genauso viel wie vorher auch, nur in anderer Weise und mit deutlich mehr Bewegung und körperlichem Einsatz. Die Begegnungen mit den unterschiedlichen Menschen hier oben auf der Hütte finde ich spannend. Trotz aller Einschränkungen gefällt es mir inzwischen hier oben, und es geht mir gut.

Nun bin ich gespannt, was der morgige Tag bringen wird. Es ist schlechtes Wetter vorhergesagt und es regnet bereits jetzt wieder. Vielleicht habe ich ja morgen einen ruhigen Tag. Chris hat sich aufgrund der Wettervorhersage entschieden, einen Tag länger im Tal zu bleiben, so dass ich weiterhin die Hüterin der Hütte bin. Könnte ja sein, dass es mir gelingt, die vier Jungs morgen zeitig aus dem Haus zu bekommen und dann tatsächlich mal etwas Zeit für mich zu haben. Warten wir's ab.

Dienstag, 23. Juni 2015

Endlich mal Pause

Heute Nacht hat es mal wieder gestürmt, und zwar so kräftig, dass ich das Gefühl hatte, die Hütte würde schwanken. Dass der Wind durch die Ritzen pfeift, kenne ich ja inzwischen schon. Einmal mehr ein Lob auf meinen kuscheligen Daunenschlafsack!

Um kurz nach sieben stehe ich auf und bereite für die Vierergruppe das Frühstück vor. Sie wollen um acht frühstücken und danach, je nach Wetter, entscheiden, wie es weitergeht. Es hat in der Nacht tatsächlich nicht nur gestürmt, sondern auch geschneit oder, wie man hier oben sagt: „g'schnien". Und immer noch fällt Schneeregen. Also stelle ich mich darauf ein, dass die vier Wanderer wohl noch länger hier bleiben, denn bei dem Wetter wollen sie sicher nicht aufbrechen.

Einer aus der Gruppe hat sich zudem gestern den Knöchel verdreht und sich dabei wahrscheinlich eine Bänderzerrung zugezogen. Es geht ihm nicht gut. Daher entscheiden die vier, heute abzusteigen und die Wanderung auf dem Wiener Höhenweg, die sie bis Donnerstag durchziehen wollten, abzubrechen. Schade für die nette Truppe! Sie packen also ihre Sachen und machen sich bei dem ungemütlichen Wetter auf den Weg. Vorher haben wir noch organisiert, dass sie unten am Parkplatz von einem Taxi abgeholt werden, das sie zu ihren Autos am Ausgangspunkt bringt. Sie bedanken sich bei mir für die tolle Bewirtung und sind bald darauf in den aufziehenden Nebelschwaden verschwunden.

Ich räume auf und dann – ja, dann habe ich zum ersten Mal, seit ich hier bin, Pause und Zeit für mich. Wahnsinn! Anfangs weiß ich gar nicht, was ich tun und mit meiner Zeit anfangen soll. Vor meiner Anreise habe ich mir ein paar Bücher auf mein iPad geladen. Also mache ich es mir gemütlich und fange an, ein Buch mit dem Titel „Aussteigen auf Bayerisch" zu lesen. Geschrieben hat es eine junge Frau, die ihren tollen Bürojob aufgibt, um in die Berge zu gehen, und am Ende auf Umwegen Hüttenwirtin wird. Als ich lese, wie sie beschreibt, wie körperlich anstrengend die Arbeit und wie kalt es auf so einer Hütte sein kann, muss ich schmunzeln, weil mir das allzu bekannt vorkommt. Vielleicht hätte ich das Buch vor meinem Aufbruch lesen sollen...

Am Nachmittag reißt der Himmel etwas auf und ich beschließe, einen Gang um die Hütte herum zu machen. Das mag einfach klingen, aber es geht auf und ab und über Stock und Stein. Ich inspiziere das Badefass, das Chris bereits eingelassen hat, damit sich das Holz ausdehnt und dicht wird. Bisher leckt es leider immer noch an zwei kleinen Stellen. Dann fällt mir auf, dass der Wind die Plane über dem Boot und über dem Holzstapel weggeweht hat. Also decke ich alles wieder zu und beschwere die Plane mit Steinen. An manchen Stellen zeigt sich jetzt blauer Himmel, und ich genieße die Sonnenstrahlen im Gesicht. Ich erahne, wie schön warm es hier an milden Sommertagen werden kann. Der

Sonnenhunger packt mich, und ich lege mich in einen der bereits aufgestellten Liegestühle. Wenn der Wind nicht wäre und die Sonne nicht doch immer wieder von Wolken verdeckt würde, wäre es richtig angenehm. Die Berge mit den Eisseen dazwischen sind schon wirklich gewaltig und beeindruckend anzusehen. Wenn man aus der Entfernung auf unsere Hütte schaut, wirkt sie ganz klein und duckt sich hinein in dieses erhabene Berg- und Felsmassiv.

Eine Stunde später ist der Anflug von Sonne schon wieder vorbei. Regenwolken ziehen auf und es wird wieder kalt und nass. Eigentlich hatte Chris vorgehabt, morgen wieder auf die Hütte zu kommen. Da die Wettervorhersage aber weiterhin schlecht ist, frage ich ihn, ob er nicht noch länger im Tal bleiben möchte. Er nimmt mein Angebot dankbar an, schließlich liegen für die nächsten Tage keine Reservierungen vor. So habe ich nun also meinem Chef ein paar Tage frei gegeben. Nicht ganz uneigennützig, denn so habe ich selbst auch frei. Wenn Chris da ist, hat er keine Ruhe. Er meint, immer etwas tun zu müssen – und dass seine Mitarbeiterin, also ich, herumsitzt und liest, kann er auch nicht mit ansehen. Also ist uns beiden gedient, wenn er noch ein paar Tage im Tal bleiben kann und ich allein die Hütte hüte. Wenn der Sommer gut wird, wird es noch stressig genug werden.

Jetzt sitze ich also in der Hängematte in der Stube, den Kamin habe ich befeuert, so dass es richtig kuschelig ist. Allerdings hat mich das Anfeuern mindestens eine Stunde gekostet. Aufgrund des Nebels und der Inversionswetterlage ist es schwierig, das Ding in Gang zu bekommen. Aber das werde ich schon auch noch lernen.

Nun hoffe ich auf ein, zwei weitere ruhige Tage, das täte mir mal gut.

Mittwoch, 24. Juni 2015

So kann man sich täuschen

Gestern Abend bin ich mit einem etwas komischen Gefühl ins Bett gegangen. Schließlich bin ich ganz allein auf einer 2500 Meter hoch gelegenen Hütte, deren Tür ich nicht verschließen darf, weil es ja eine Schutzhütte ist. Aber wer geht schon nachts durch die Berge? Die Wahrscheinlichkeit, dass hier wirklich nachts einer reinkommt, ist wohl eher gering. Und so bin ich, als ich aufwache, immer noch allein.

Erstmal mache ich mir gemütlich Frühstück und stelle mich auf einen entspannten Tag ein. Heute Nacht hat es wieder geschneit, es ist bitter kalt, und graue Wolken ziehen über den Himmel. Die Sonne versucht zwar durchzuspitzen, aber sie hat kaum eine Chance.

Nach dem Frühstück nehme ich mir die Vorratskammer neben der Küche vor. Anfangs hatten wir dort eine durchdachte Ordnung drin, aber davon kann inzwischen keine Rede mehr sein. Dinge, die man ständig benötigt, stehen durcheinander mit abgestellten Lebensmitteln, von denen offenbar keiner wusste, wo sie hingehören. Chris stand schon drei Mal vor der Kammer und meinte, da müsste man mal aufräumen, hat sich dann aber doch jedes Mal gescheut anzufangen. Damit er nicht denkt, ich hätte den ganzen Tag nur gefaulenzt, packe ich also heute dieses Aufräumprojekt an. Es ist wie mit allen ungeliebten Tätigkeiten: Wenn man einmal angefangen hat, ist es gar nicht mehr so schlimm und geht voran. Den Vormittag über bin ich beschäftigt, aber dann ist auch wirklich alles ordentlich.

So gegen 12 Uhr überlege ich mir, was ich jetzt tun soll. Mittlerweile ist das Wetter besser, die Sonne scheint. Das ist die ideale Gelegenheit, um Wäsche zu waschen. Die Waschmaschine wird hier nur in Betrieb genommen, wenn die Sonne scheint, denn sonst verbraucht sie zu viel von dem wertvollen gespeicherten Strom. Heute passt es gerade gut, denn meine frische Kleidung neigt sich dem Ende.

Anschließend könnte ich eigentlich die Füße hochlegen und wieder ein Buch lesen. Bevor ich das aber tue, werfe ich einen Blick ins Tal, ob sich dort etwas rührt. Mittlerweile ist das Wetter nämlich geradezu herrlich geworden, eigentlich ideal zum Wandern. Da wird doch heute nicht noch jemand kommen? Als ich ins Tal schaue, bewegt sich dort tatsächlich etwas: zwei Wanderer auf einsamer Flur. Nun, zwei Leute stressen mich jetzt nicht gerade, aber das Buch lege ich trotzdem erstmal zur Seite. Ich schaue nochmal ins Tal und wundere mich, warum die beiden Wanderer jetzt wieder weiter unten sind. Sind sie etwa umgekehrt? Ach nein, das sind zwei andere. Also sind vier Leute unterwegs. Da gehe ich lieber doch mal schnell in die Küche und bereite etwas vor.

Etwas später treffen kurz nacheinander zwei Paare ein. Das erste Paar stammt aus Krefeld und war schon einige Male hier. Sie möchten gern etwas Typisches aus der Gegend, also biete ich ihnen Bergkräutertee aus Kräutern, die Chris gesammelt hat, und die berühmte Kaspressknödelsuppe an. Das zweite Paar kommt aus Wien und macht Urlaub in den österreichischen Alpen. Auch die beiden hätten gern etwas regional Typisches, der Mann bestellt Kässpatzen. Ausgerechnet die kann ich noch nicht so gut, das wird dauern. Also gehe ich schnell in die Küche, als plötzlich noch vier Wanderer auftauchen. Es sind Holländer aus Maastricht: ein älteres Ehepaar mit Tochter und Schwiegersohn in spe. Letzterer war mit seiner Freundin im vergangenen Jahr schon einmal hier, und seitdem schwärmen die beiden von der Hütte. Das ist mal eine Ansage. Jetzt muss ich also acht Essen auf einmal irgendwie gleichzeitig hervorzaubern. Schnell schicke ich eine WhatsApp an Chris und frage ihn, wie das mit den Kässpatzen nochmal war. Er antwortet sofort und gibt mir das Rezept durch. Stimmt, jetzt weiß ich es wieder. Ohne das Rezept wäre es allerdings ziemlich danebengegangen... So schaffe ich es, alle Essen zuzubereiten. Allerdings bin ich zeitweise ganz schön gestresst, was dazu führt, dass ein Glas zu Bruch geht und ich nicht bemerke, dass einige Dinge schon vorbereitet im Kühlschrank stehen. Ich nehme mir vor, mich künftig nicht mehr so stressen zu lassen, sondern Ruhe zu bewahren.

Es schmeckt allen, und nach zwei Stunden sind die Wanderer wieder weg. Die Küche hingegen sieht aus, als wäre ein Sturm hindurch gefegt. Ich räume also erstmal alles auf. Danach ziehe ich mich kurz um und gehe wieder in Sichtweite der Hütte auf und ab. Trotz des Schnees und des eisigen Windes in den vergangenen beiden Nächten schmelzen die Schneefelder. Diesmal sehe ich niemanden. Vielleicht eine zweite Chance für ein bisschen Zeit für mich? Die Sonne scheint, ich setze mich auf die Terrasse und genieße die warmen Strahlen. Endlich fühle ich mich mal wieder richtig durchgewärmt. Ich schaffe sogar ein kurzes Workout und fühle mich gleich noch besser. Ich bleibe in der Sonne, in der es jetzt deutlich wärmer ist als drinnen in der Hütte, und lege mich noch ein wenig in den Liegestuhl, auf dem heute Morgen noch Schnee lag. Während ich überlege, was ich heute Abend noch machen könnte, sehe ich einen Wanderer, der gemächlich vom Tal heraufwandert.

Also wird es wohl wieder nichts mit der Ruhe. Nach einer guten Stunde erreicht der Wanderer die Hütte. Es stellt sich heraus, dass er über Nacht bleiben und morgen auf den Gipfel hochwandern will. Ich bereite dem Gast schnell ein Abendessen zu und unterhalte mich ein wenig mit ihm. Er stammt aus Osttirol. Gegen 22 Uhr lege ich ihm die Rechnung vor, denn um diese Uhrzeit beginnt offiziell die Hüttenruhe. Mein Gast, der seit 1968 Mitglied im Alpenverein ist, kennt sich aus und akzeptiert das anstandslos.

Bevor ich ins Bett gehe, bleibt mir noch ein wenig Zeit, Nachrichten zu checken und meinen Blog zu schreiben. Ich fühle mich wohl hier, fernab von allem Trubel. Ich genieße das beeindruckende Bergpanorama und die Natur um mich herum. Trotzdem fühlt sich alles immer noch etwas unwirklich an. Es fasziniert und überrascht mich, dass ich so zufrieden bin und von den sonst gewohnten Annehmlichkeiten nichts vermisse. Mal sehen, wie lange das anhalten wird.

Donnerstag, 25. Juni 2015

Sonne und Wärme – es gibt sie doch

Bruno, der Wanderer, der gestern Abend ankam, möchte heute gleich um acht Uhr früh los. Ich stehe also um 6.20 Uhr auf und bereite ihm für sieben Uhr Frühstück. Das frühe Aufstehen fällt mir hier eigenartiger Weise gar nicht schwer. Zu Hause muss ich mich morgens immer aus dem Bett quälen. Gegen kurz vor acht verlässt Bruno die Hütte und macht sich auf den Weg.

Ich gehe vor die Tür. Die Sonne scheint auf die kleine Terrasse und ich beschließe, dass die nächste Stunde mir gehört. Das Wetter ist heute herrlich, der Himmel ist blau und die Sonne scheint. Es ist sogar um diese frühe Uhrzeit schon warm – oder wahrscheinlich kommen mir 15 Grad nur so warm vor, weil ich vollkommen ausgekühlt bin. Ich genieße das traumhafte Panorama und freue mich, dass unter der Sonne der Schnee schmilzt. Auf dem See auf der Rückseite der Hütte liegt bereits fast kein Eis mehr.

Gegen neun fange ich dann doch an zu arbeiten. Weit komme ich nicht, denn bereits um halb zehn steht der nächste Wanderer vor der Tür. Wo der um die Uhrzeit bloß schon herkommt? Er erzählt mir, dass er von der Wangenitz-Hütte kommt und den Wiener Höhenweg entlangwandert. Er ist über die Niedere Gradenscharte hergewandert – kein einfacher Weg, er hat ihn in zweieinhalb Stunden bewältigt, und sieht jetzt noch ziemlich frisch und fit aus.

Vielleicht sollte ich an dieser Stelle mal das Wort „Wandern" definieren, zumindest in Bezug auf den Wiener Höhenweg. Manche der Jungs – es sind fast immer Männer, so gut wie nie Frauen – kommen hier mit Pickel und Steigeisen an. Noch sind die Gipfel nämlich zum Teil von Schneefeldern bedeckt, über die es sich nicht so einfach gehen lässt. Das ist ganz etwas anderes, als am Sonntagnachmittag gemütlich auf einen der Münchner Hausberge zu wandern. Dementsprechend sind einige Wanderer und Gruppen, die hier ankommen, ziemlich erledigt und brauchen erst einmal eine ausgiebige Erholungspause. Der Wanderer, der gerade gekommen ist, gehört allerdings nicht zu dieser Kategorie. Er will nur eine kurze Pause machen und dann heute noch weiter zur Elberfelder Hütte. Diese wird gerade heute mit dem Heli beliefert und öffnet offiziell erst in ein paar Tagen. Deshalb schreibe ich Chris im Tal via WhatsApp an und frage ihn, ob der Wanderer schon heute auf der Elberfelder Hütte willkommen und der Weg dorthin überhaupt begehbar ist. Chris setzt sich mit dem dortigen Hüttenwirt in Verbindung und erhält grünes Licht.

Nach einem Heidelbeerschmarrn und einer Tasse Kaffee kommen der Wanderer und ich ins Gespräch, es ist ja sonst nichts los. Der Mann kommt aus Dresden und ist, so schätze ich, um die fünfzig. Gerade hat er eine zweimonatige Auszeit hinter sich, in der er sich ein Haus in Ungarn in der Nähe des Pusztatals gekauft hat, in dem er die letzten Wochen verbracht hat. Dort sind die nächsten Nachbarn einen Kilometer entfernt – nah genug und doch weit genug weg, sagt er. Zum Abschluss seiner persönlichen Auszeit wandert er nun den Wiener Höhenweg entlang. Früher ist er öfters in den Karpaten geklettert und hat dort auch biwakiert, so dass dies hier quasi ein Spaziergang für ihn ist. Am Montag, wenn er wieder zuhause in Dresden sein wird, nimmt er seine selbstständige Arbeit wieder auf. Der Mann ist die Ruhe selbst. Bevor er aufbricht, legt er sich noch eine halbe Stunde in den Liegestuhl. Dann zieht er entspannt, aber zügig weiter. Das nenne ich mal Gelassenheit.

Der Wanderer hat mir angekündigt, dass auf der Wangenitz noch eine Familie – Vater, Tochter und Sohn – war, die voraussichtlich auch hierher kommen wird. Er geht jedoch davon aus, dass es bei den dreien etwas dauern kann und sie wahrscheinlich auch übernachten wollen. Da sage doch nochmal einer, in den Bergen funktioniere die

Kommunikation nicht. Wozu braucht man eigentlich ein Handy?

Zunächst kommen aber andere Gäste, und zwar ab jetzt Schlag auf Schlag. Der erste ist ein Wanderer aus Lienz, der mal testen will, wie der Weg ist, den er am ersten Juliwochenende mit vier Kumpels entlangwandern will. Dann taucht ein Ehepaar aus Deutschland auf, danach zwei Holländer, kurz darauf drei Norddeutsche, die Paten der Elberfelder Hütte sind. Und so geht es weiter. Da das Wetter so herrlich ist, biete ich den Gästen an, auf der hinteren Terrasse Platz zu nehmen. Dort ist es sonnig und windstill, einfach traumhaft. Und auf diese Weise komme auch ich immer wieder raus. Gegen 13 Uhr sehe ich drei Leute, die oben an der Gradenscharte stehen und zu überlegen scheinen, wie sie da jetzt wohl am besten runterkommen. Das ist vermutlich die heute Morgen angekündigte Familie.

Als die drei bei unserer Hütte ankommen, sind fast eineinhalb Stunden vergangen. Gerade hatte ich angefangen, mir Sorgen zu machen; schließlich muss man erst über steile vereiste Schneefelder, bevor man in den flacheren, steinigen Geröllbereich gelangt. Vater, Sohn und Tochter sind fix und fertig, aber gut gelaunt, als sie endlich ankommen. Sie wollen tatsächlich über Nacht bleiben und morgen ganz früh weiterziehen, da sie am Abend wieder heim nach Deggendorf fahren wollen. Also wieder Frühstück um sieben...

Am späten Nachmittag sitzen die drei in der Hütte und besprechen sehr ausführlich, welchen Weg sie morgen gehen wollen. Zum Abendessen bestellen sie zwei Mal Kaiserschmarrn – einmal mit und einmal ohne Rosinen – und einmal Fleischknödel mit Kraut und Bratensauce. Das hört sich nicht aufwändig an, ist für mich jedoch ziemlich kompliziert: Ich muss zwei Kaiserschmarrn parallel backen und gleichzeitig noch die Knödel zubereiten. Aber ich schaffe es, alles gelingt, ich kann das Essen schön heiß servieren und bin ganz stolz.

Gerade habe ich das Essen den Gästen gebracht, da schreibt mir Chris und fragt, ob ich ihn brauche oder ob er noch einen Tag länger im Tal bleiben könne. Ich weiß nicht, ob ich mich freuen soll. Einerseits finde ich es schön, hier alles allein zu managen. Andererseits geht mir allmählich das gehackte Holz aus, und Holzspäne zum Anzünden zu hacken, macht mir nicht wirklich Spaß. Aber am Ende überwiegt die Verlockung der Freiheit und Eigenständigkeit, und so gebe ich meinem Chef noch einen Tag frei. Er bedankt sich überschwänglich und bietet mir im Gegenzug an, dass ich mir den kommenden Montag frei nehmen kann. Darüber freue ich mich natürlich. Wie schön wäre es, wenn jetzt jemand spontan herkommen und mit mir am Montag eine Wanderung unternehmen könnte. Aber ich weiß ja selbst, wie das so ist mit der Spontaneität, wenn man in seinem Beruf feststeckt.

Nach dem Abendessen ist ziemlich bald Ruhe. Die drei Gäste aus Deggendorf gehen um halb neun ins Bett, so dass ich nach dem Aufräumen der Küche und dem Vorbereiten des Frühstücks vergleichsweise früh Feierabend machen kann.

Anschließend gehe ich noch eine Runde um die Hütte, es ist ja noch hell – allerdings auch schon wieder eisig kalt. Mal sehen, was der Tag morgen bringen wird.

Freitag, 26. Juni 2015

Eine Woche allein geht zu Ende

Auch heute Morgen weckt mich wieder herrlicher Sonnenschein. Es ist nicht ganz so warm wie gestern, aber trotzdem sehr schön. Um 6.20 Uhr stehe ich auf und mache Frühstück für die drei Deggendorfer. Außerdem bringe ich die Hütte wieder auf Vordermann, räume auf, überprüfe die Zimmer, putze die Toiletten und den Trockenraum – ja, auch das gehört dazu, geht aber schnell. Dann gönne ich mir mal wieder eine Stunde auf der Terrasse. Schneller als ich schauen kann, steht schon der nächste Gast vor der Tür, ein Bergläufer. Er hat nur eine Stunde zehn Minuten für den Weg gebraucht. Er ist bestimmt über fünfzig, kommt aus der Gegend und trainiert für den Großglockner-Lauf. Unglaublich! Er erzählt mir, dass er beim Straßenbau arbeitet und nebenbei Bergführer und Ski-Touren-Führer ist. Er trinkt ein Weizen und joggt dann locker zurück, nicht ohne mir vorher noch zuzurufen: „Komme bestimmt bald mal wieder, bin der Alfred." Wie nett!

Kaum ist Alfred weg, sehe ich von unten zwei Wanderer heraufkommen. Zwei stressen mich nicht. Doch kurz darauf sehe ich nochmal zwei. Na, dann gehe ich mal lieber in die Küche und bereite etwas vor. Als die Wanderer ankommen, stellt sich heraus, dass einer von ihnen Egon ist, nur ist er diesmal nicht in Begleitung seiner Frau wie letzte Woche, sondern kommt mit seinem Kumpel. Die beiden waren heute Vormittag auf dem Kreuzkopf und wollen nachher weiterziehen. Sie haben einen Abstecher zu uns gemacht wegen des, wie sie sagen, „weltbesten Espresso" auf unserer Hütte. Egon meint, einen so guten Espresso gebe es nicht einmal beim Italiener im Tal. Kurz nach den beiden kommt ein Ehepaar, auch die beiden möchten einen Espresso trinken. Scheint so, als hätte sich das herumgesprochen. Allerdings ist es eine ziemliche Prozedur, den Espresso mit diesen komischen kleinen italienischen Kaffeemaschinen zu kochen, finde ich.

Später kommt noch ein Amerikaner auf die Hütte. Die Amerikaner essen hier nur Gulaschsuppe, alles andere ist ihnen zu fremd. Und sie können nicht fassen, dass es bei uns keine Cola gibt. Andere Länder, andere Sitten. Dann kommen noch vier Wanderer und noch ein Pärchen. Alle kommen aus unterschiedlichen Himmelsrichtungen und hatten unterschiedlich lange Wege, kommen aber etwa gleichzeitig bei unserer Hütte an. Jetzt hab ich Stress! Zehn Leute gleichzeitig bewirten, Kochen, Servieren, Kassieren. Da nervt mich dieser Schnickschnack beim Espresso servieren: Untertasse, Tässchen, Löffelchen, ein Glas Wasser dazu – puh, das hält auf! Aber wahrscheinlich setze ich mich zu sehr unter Zeitdruck. Eigentlich haben die Gäste am Berg doch Zeit, denke ich mir und atme einmal ganz tief durch.

Die vier Wanderer kommen aus Leipzig. Sie sind vier Stunden von der Lienzer Hütte zu uns gewandert und müssen noch heute wieder zurück. Sie haben den Weg unterschätzt und eigentlich keine große Lust auf den Rückweg. Aber da sie in der Lienzer Hütte einquartiert sind, können sie nicht hier bleiben.

An diesem herrlichen sonnigen Tag habe ich alle Gäste mal wieder auf unsere Sonnenterrasse gelotst. Da ist es recht windstill und man kann die schöne Aussicht genießen. Einer der Gäste zeigt plötzlich nach oben in Richtung Gradenscharte und meint, dort kämen zwei Wanderer. Stimmt, auch ich sehe die beiden bergab am Wasserfall entlang gehen. Da es schon recht spät ist und die beiden nicht gerade ein flottes Tempo an den Tag legen – sie gehen sehr langsam und vorsichtig –, gehe ich davon aus, dass sie über Nacht bleiben wollen. Ich behalte Recht: Nachdem die zwei Wanderer etwa eineinhalb Stunden später eintreffen, sichtlich geschafft, bestätigen sie mir, dass sie übernachten wollen. Na also, langweilig wird's mir nicht. Die beiden sind um die vierzig, einer kommt aus Hamburg, einer aus München. Nachdem sie sich einigermaßen erholt und Unmengen unseres beliebten Bergkräutertees getrunken haben, zeigt sich, dass sie den Höhenweg ziemlich unterschätzt haben. Sie sind zwar perfekt ausgerüstet, mit Steigeisen, Pickel & Co., aber sie trauen sich nicht wirklich zu, den Weg durch die Hohe Scharte fortzusetzen. Also denken sie nun über eine Alternative nach, notfalls wollen sie auch zurück ins Tal und dann auf der anderen Seite wieder raufgehen. Ihr Ziel ist die Elberfelder Hütte. Ich texte Chris an und frage ihn, welchen Weg die beiden nehmen können. Dann schlage ich den beiden vor, vielleicht mit einem Bergführer weiter zu gehen. Auf die Idee sind sie noch gar nicht gekommen. Ich hingegen kenne ja seit heute Morgen Alfred, aber dummerweise kennt Chris ihn nicht, und ich habe keine Kontaktmöglichkeit. Chris fällt aber ein, dass Herbert, der Wirt der Elberfelder Hütte, eigentlich hauptberuflich Bergführer ist. Er kontaktiert ihn – und siehe da: Herbert hat Zeit und sagt zu, unsere beiden Wanderer morgen früh um sieben Uhr abzuholen und mit ihnen gemeinsam zur Elberfelder Hütte zu wandern. Die beiden sagen zu und vor allem dem Münchner, Sebastian, sieht man an, dass es ihm mit dieser Aussicht nun deutlich wohler ist. Zwar kostet der Spaß 300 Euro, aber das ist es sicher wert, und es ist auch der übliche Preis. Auf jeden Fall besser, als in einem Schneefeld abzurutschen und abzustürzen.

Nun, da die beiden etwas entspannter sind, erzählen sie ein bisschen über sich. (Natürlich habe ich sie gefragt – alte Personalerkrankheit...). Der eine ist Software Systemarchitekt und fängt nächste Woche einen neuen Job bei Adobe in Hamburg an. Vorher war er in einer Hamburger Reederei beschäftigt. Der andere arbeitet bei BMW in München als Projektleiter für die zukünftige IT-technische, digitale Ausstattung von Fahrzeugen. Die Entwicklungen, an denen er arbeitet, werden vielleicht in fünf Jahren in unseren Autos zu finden sein. Ein spannender, aber auch nervenaufreibender Job.

Von der Terrasse aus sehen wir, dass von der kleinen Gradenscharte oben noch zwei Wanderer zu uns unterwegs sind. Heute ist was los! Kurz einmal nicht hingeschaut, und schon stehen die beiden vor der Tür. Die waren aber flott! Mittlerweile ist es kurz vor 18 Uhr, und die beiden haben einen langen Tag und einen noch längeren Weg hinter sich. Es sind zwei Kollegen und Freunde aus Wien, um die dreißig. Sie sind viel in den Bergen unterwegs, durchtrainiert und fit. Natürlich wollen auch sie über Nacht bleiben und schließen sich dem Halbpensionsessen an. Sie sind entspannt und unkompliziert wie die meisten Bergwanderer hier. Sie sind froh, ein Dach über dem Kopf zu haben, eine warme Stube und ein gutes Essen. Was genau ich ihnen auftische, ist eigentlich egal.

Wie so oft, waren auch die vier Übernachtungsgäste heute eine Überraschung, denn sie waren alle nicht angemeldet. Ich freue mich aber, die vier Männer im Haus zu haben, denn sie sind alle sehr aufgeschlossen und unterhaltsam. Nach dem Abendessen und Putzen der Küche – ich musste das Geschirr des gesamten Tages spülen, Unmengen! – setze ich mich zu den vieren. Vor allem die Wiener sind sehr gut gelaunt und bestellen einen halben Liter Rotwein nach dem anderen. Wir unterhalten uns über österreichische Politik, Bergwandern, Aussteigen – der Abend vergeht wie im Flug. Die Wiener geben Bier und Schnaps aus, und mir bleibt nichts anderes übrig als mitzutrinken. Chris hat einen köstlichen

Zirbenschnaps hergestellt, der fast wie Likör schmeckt. Ein lustiger Abend! So habe ich mir das Leben auf der Hütte schon eher vorgestellt. Es wird spät, und irgendwann falle ich todmüde ins Bett. Morgen muss ich wieder früh raus, da beide Teams um sieben Uhr frühstücken und danach aufbrechen wollen. Also hoffen wir, dass ich trotz des Schnapses rechtzeitig aus den Federn komme!

Samstag, 27. Juni 2015

Nicht mehr allein

Nach dem Frühstück am Samstagmorgen werden die beiden Freunde aus München bzw. Hamburg pünktlich von Bergführer Herbert abgeholt. Er ist um fünf Uhr in der Früh von seiner Hütte losgelaufen und steht überpünktlich bereits um kurz vor sieben vor der Tür. Er ist ein echtes Original! Das Alter ist schwer zu schätzen, ich tippe auf 50 bis 60. Er ist etwa so groß wie ich, drahtig, das Gesicht von Wind und Wetter gegerbt, mit freundlich-strahlenden offenen Augen. Ein Mensch, der mit sich und der Welt im Reinen ist. Wir begrüßen uns, und ich frage ihn, ob er Kaffee oder ein Frühstück möchte, und er freut sich. Einen Kaffee und ein belegtes Brot nimmt er gerne. Wir kommen ins Gespräch, und Herbert erzählt, dass die Hauptsaison auf seiner Hütte von Mitte Juli bis Mitte August geht – nur einen Monat also. Außerhalb dieser Zeit hat er so gut wie keine Tagesgäste. Der Aufstieg vom Tal zu seiner Hütte dauert rund vier bis fünf

Stunden, das machen die wenigsten an einem Tag. Die meisten wandern von uns zu ihm rüber und befinden sich auf dem Wiener Höhenweg.

Herbert ist hauptberuflich Bergführer, mittlerweile hält er auch viele Vorträge. Er erzählt, dass diese Vorträge oft ins Kabarettartige driften, weil die Erlebnisse, die einem auf einer Hütte widerfahren, oft nur in Kabarettform wiedergegeben werden könnten. Was genau er damit meint, sagt er nicht... ich mache mir meine eigenen Gedanken dazu. Herbert hat seine Hütte erst gestern aufgeschlossen. Trotzdem ist er heute schon herübergekommen, um sich unserer zwei Gäste anzunehmen und sie sicher durch die Klammerscharte zu seiner Hütte zu führen. Die drei machen sich auch bald auf den Weg. Am Nachmittag ruft Herbert an und meldet, dass sie gut angekommen sind.

Nachdem auch die beiden Wiener aufgebrochen sind – etwas verkatert zwar nach dem vielen Rotwein gestern Abend, aber entschlossen –, sehe ich zu, dass ich die Hütte wieder auf Vordermann bringe. Nach vier Gästen ist das nicht allzu viel Arbeit. Chris hat sich für den Vormittag angekündigt, und tatsächlich sehe ich ihn um elf Uhr den Weg entlang kommen, leichtfüßig trotz des schweren Bundeswehrrucksacks, den er auf dem Rücken trägt.

Oh, ich freue mich, den Rucksack auszupacken, das ist fast wie Weihnachten! Chris hat nicht nur das passende Zubehör für die SAT-Anlage mitgebracht, sondern auch frisches Obst, das wir hier oben so selten bekommen: Äpfel, Aprikosen, Feigen und Pflaumen. Außerdem hat er aus dem heimischen Garten Liebstöckel für die Suppen mitgebracht und unterwegs noch heimische Kräuter gesammelt. Was sich noch alles in dem Rucksack verbirgt? Ein Akku-Schrauber, Bergstiefel, Steigeisen und Pickel. Kein Wunder, dass der Rucksack über 25 Kilo wiegt.

Chris freut sich sehr über den Umsatz, den ich in der letzten Woche erzielt habe. Es waren doch mehr Tagesgäste da als erwartet und eben auch einige unangemeldete Übernachtungsgäste.

Wieder kommen ein paar nette Leute vorbei. In der Ferne sehe ich zwei Personen, denen anscheinend die Schafe hier oben oder zumindest einige davon gehören. Soweit ich weiß, lassen drei verschiedene Bauern ihre Schafe über den Sommer hier oben weiden. Hinter den beiden Leuten trotten die Schafe eines nach dem anderen den Berg hinauf und können gar nicht genug bekommen von dem Salz, das die zwei ihnen zum Schlecken geben. Als sie an der Hütte ankommen, stellt sich heraus, dass es Mutter und Tochter sind – beide sehr sympathisch. Wir unterhalten uns und die beiden bestellen Essen und Getränke. Bevor sie wieder gehen, fragen sie mich ganz zaghaft, ob sie mir vielleicht das restliche Salz da lassen dürften und ob ich gelegentlich den Schafen etwas davon geben könnte, da sie selbst erst in zwei Wochen wieder hier heraufkommen. Aber klar doch! Nun kümmern wir uns also auch ein wenig um die Schafe. Fische füttern gehe ich ja ohnehin schon. Zumindest nennt Chris es so, wenn ich den

Biomüll nach draußen bringe. Jedes Mal, wenn die Schafe das nun mitbekommen, laufen sie mir nach, weil sie denken, sie bekämen auch etwas ab. Dann können sie ganz schön penetrant sein... Auch einen Fuchs gibt es hier übrigens. Anfangs dachte ich, das könnte ein Problem mit den Schafen geben. Aber so jämmerlich, wie er aussieht – oder vielleicht ist er auch noch jung –, glaube ich, er hat eher Angst vor den Schafen als umgekehrt.

Toni, unser Stammgast, besucht uns heute auch wieder. Das versprochene Eis hat er zwar nicht dabei – das Wetter wäre eh nicht ideal dafür –, stattdessen aber wieder frische Tomaten und Zucchini. So eine Seltenheit! Toni gefällt es bei uns anscheinend so gut, dass er sich gar nicht mehr loseisen kann. Er trinkt fünf (!) Weizen, isst etwas, gibt uns einen Schnaps aus, und Stunden später zieht er wieder los. Ich fürchte, der Abstieg hat für ihn heute genauso lang gedauert wie der Aufstieg...

Dann kommt endlich auch der Mann vorbei, der unseren Kaffeeautomaten neu justieren soll. Unser Kaffee schmeckt nämlich seit einiger Zeit nicht so toll, obwohl wir eine gute Maschine und gutes Kaffeepulver haben. Nun hat sich der Fachmann am Wochenende Zeit genommen und ist mit seiner Frau zu uns heraufgewandert. Er sieht sich die Kaffeemaschine an, dreht an ein paar Rädchen – und schon schmecken der Kaffee und vor allem der Cappuccino wieder. Perfekt! Ich würde sagen, der Weg hat sich gelohnt.

Es kommen noch ein paar Tagesgäste, und dann leert sich die Stube am Nachmittag. Wir gehen wieder mal davon aus, dass sich heute nicht mehr viel tun wird. Das Wetter hat sich verschlechtert, es regnet und ist kühler geworden. Eigentlich will Kathi heute Abend noch herauf kommen, wenn das Wetter nicht allzu schlecht wird.

Um 17 Uhr stehen plötzlich zwei durchnässte Wanderer vor der Tür. Ich wundere mich, aber sie wirken ganz zufrieden und meinen, nur das letzte Stück des Weges sei verregnet gewesen. Sie kommen aus dem Tal und wollen gern über Nacht bleiben. Wieder einmal sind sie vollkommen unkomplizierte Gäste, sie nehmen Halbpension und sind mit dem vorgeschlagenen Essen einverstanden.

Chris macht sich auf den Weg, um Kathi entgegen zu gehen. Gegen 20.30 Uhr sind beide dann wieder da. Die Gäste haben sich bereits zurückgezogen. Wir kochen uns etwas zum Essen und stoßen auf Kathis Urlaub an. Sie hat mir vom Bäcker eine Schaumlocke mitgebracht, die ich mir zum Nachtisch schmecken lasse. Ich glaube, heute Nacht werde ich süße Träume haben.

Sonntag, 28. Juni 2015

Krise Nummer zwei

Am Sonntag gibt es Frühstück für die beiden einsamen Wanderer in unserer Hütte. Sobald sie aus dem Haus sind, verfällt Chris in Hektik. Er will Brot und Kuchen backen, Spätzle auf Vorrat produzieren, sogar welche aus Buchweizenmehl, falls uns Gäste mit einer Weizenallergie oder Glutenunverträglichkeit besuchen kommen sollten.

Ich spüre, dass bei mir gerade vollkommen die Luft raus ist. Ich glaube, ich habe zu viel gearbeitet und zu wenig Pausen gemacht. Als Chris vorhin einmal an irgendetwas, das ich gemacht habe, etwas auszusetzen hatte, hat es mir schon gereicht. Ich frage mich einmal mehr, für wen oder was ich das alles hier eigentlich tue. Mir wird klar, dass ich in der letzten Woche einfach zu wenig auf mich selbst geachtet habe. Deshalb genügt heute offenbar schon ein kleiner Anlass, und sofort stelle ich alles wieder in Frage.

Ab Mittag haben wir wieder einiges zu tun. Es kommen viele Tagesgäste, die zu bewirten sind. Kathi hat ein gutes Gespür und merkt offenbar, dass es mir heute nicht so gut geht. Sie fragt mich, ob ich heute schon Pause gemacht hätte, und als ich verneine, sagt auch Chris gleich, dass ich jetzt mal gehen soll. Ich ziehe mich also um und laufe den schönen Weg zum See hinunter. Die frische Luft tut mir gut, und auch die Sonne spitzt ab und zu mal durch. Mein Kopf wird frei, und die Erholungspause tut Körper und Seele gut.

Als ich zurück zur Hütte komme, sind nur noch drei Gäste da, die aber auch bald aufbrechen. Um 17 Uhr sind alle gegangen, auch Übernachtungsgäste sind heute keine da. Chris, Kathi und ich verbringen einen entspannten Abend, und ich gehe früh zu Bett. Ich hoffe, dass ich nach einem erholsamen Schlaf meine kleine Krise morgen überwunden haben werde.

Montag, 29. Juni 2015

Aussicht auf Besserung

Heute darf ich ausschlafen und kann bis acht Uhr rumtrödeln. Das bin ich gar nicht mehr gewohnt, aber ich genieße es umso mehr. Nach einem kurzen Frühstück stellt sich allerdings bald der übliche Arbeitsrhythmus wieder ein. Die Wirtin der Nachbarhütte ruft an und teilt mit, dass sich acht Wanderer zu uns auf den Weg machen. Sie wollen alle bei uns übernachten. Vier Wanderer hatten sich im Vorfeld angemeldet, die anderen vier sind Überraschungsgäste.

Chris entscheidet, als Abendessen einen riesigen Topf Chili anzusetzen. Außerdem möchte er heute das Badefass in Betrieb nehmen, nachdem die beiden Lecks endlich dicht sind. Ich arbeite währenddessen so vor mich hin. Noch hat mich der Elan nicht wieder gepackt, und ich überlege nach wie vor, ob ich das hier weitermachen soll und will. Zu Hause ist schönes Wetter, ich könnte jetzt gemütlich auf meiner Terrasse liegen, Familie und Freunde besuchen. Oder Motorrad fahren. Oder mich entspannt in einem Wellnesshotel verwöhnen lassen, statt hier von morgens früh bis abends spät auf den Beinen zu sein.

Am Abend, als alle Gäste versorgt sind, genehmigen Chris und Kathi sich ein Bad im Badefass. Sie meinen, das müsse ich anschließend auch unbedingt ausprobieren. Erst will ich nicht so recht, aber dann ist die Vorstellung, mich im warmen Wasser zu entspannen, doch zu reizvoll. Ich steige also wenig später in den riesigen Holzbottich. Es ist traumhaft! Mitten in den Bergen im warmen Wasser zu liegen und dabei das herrliche Panorama zu genießen – das ist unfassbar entspannend. Ich bin froh, dass ich mir das gegönnt habe und dass Kathi und Chris mich dazu gedrängt haben. Kathi bringt mir sogar noch ein Bier ans Fass – was will man mehr?

Nach dem Bad fühle ich mich, als käme ich frisch aus der Sauna. Ich lege mich zum Abkühlen in einen der Liegestühle und fühle mich richtig gut. Als ich wieder in die Hütte gehe, eröffnet mir Kathi, dass sie morgen mit mir den Gipfel des Keeskopfes besteigen will. Wir müssen ein neues Gipfelbuch hinaufbringen, nachdem das alte nass und unbrauchbar geworden ist, weil jemand es nicht richtig verstaut hat. Wow, was für eine schöne Aussicht! Wie gesagt, ich glaube, Kathi hat gute Antennen. Sicher hat sie Chris davon überzeugt, mich auf die Wanderung mitzunehmen. Ich freue mich darüber und bin gleichzeitig gespannt. Ich bin noch nie auf einen Dreitausender gewandert. Der Weg auf den Keeskopf ist steinig. Man muss durch Schneefelder hindurch, und das letzte Stück ist angeblich ziemlich steil. Ich lasse mich überraschen. Jedenfalls schlafe ich in dieser Nacht wie ein Murmeltier. Mal sehen, wie das morgen sein wird.

Dienstag, 30. Juni 2015

Zwei Premieren an einem Tag und eine Überraschung

Heute Morgen bereiten Chris und ich wie üblich das Frühstück für die Gäste zu. Gleich danach sagt Chris, Kathi und ich sollten direkt nach unserem Frühstück aufbrechen, damit wir gegen Mittag wieder zurück sind.

Gesagt, getan. Wir packen unsere Rucksäcke und machen uns um kurz nach neun auf den Weg. Wir kommen gut voran, und ich freue mich über die Bewegung an der frischen Luft. Der Weg ist steinig, aber Kathi läuft ihn leichtfüßig wie eine Gämse. Ich versuche, es ihr gleich zu tun. Wir gehen nicht allzu schnell, aber gleichmäßig, am Wasserfall entlang, dem Gipfel entgegen. An manchen Stellen, die wir hoch gehen, frage ich mich, wie wir da später wieder hinunter kommen sollen. Aber gut, das überlegen wir uns nachher. Schritt für Schritt erklimmen wir die Höhe, überqueren dabei Wasserläufe und Schneefelder. Manchmal schauen wir nach oben zum Gipfel, und ich frage mich, ob wir ihn jemals erreichen werden. Eigentlich ist der Weg nicht sehr schwierig, nur ab und zu müssen wir über die Steine balancieren. Ich bin froh, dass ich ein recht gutes Gleichgewichtsgefühl habe. Ich gewöhne mir an, immer nur die nächsten zwei Meter nach vorn zu schauen und mich nicht davon irritieren zu lassen, wie steil das Stück ist, das ich gerade bewältige.

Auf dem letzten Stück vor dem Gipfel müssen wir ziemlich viel klettern. Kathi warnt mich, ich solle auf den nächsten Metern bitte sehr gut aufpassen: „Wenn Du jetzt abrutschst, bist Du weg." Gleich darauf meint sie, das hätte sie jetzt wohl besser nicht sagen sollen. Zu spät. Ich beschließe, mit meiner Taktik weiterzumachen, immer nur auf die nächsten ein bis zwei Meter vor mir zu schauen und meine Schritte sorgfältig zu wählen. Schließlich haben wir auch dieses Stück bewältigt und stehen nach zweieinhalb Stunden Wanderung am Gipfel. Wir freuen uns, beglückwünschen uns gegenseitig mit einem stolzen „Berg heil" und nehmen einen Schluck aus Kathis Flachmann. Danach packen wir das neue Gipfelbuch aus und tragen uns natürlich als erste ein. Wir hinterlegen es ordnungsgemäß und hoffen, dass alle, die nach uns kommen, ebenso sorgfältig damit umgehen werden. Ich habe nun also mein erstes Gipfelbuch ausgebracht und meinen ersten Dreitausender bestiegen. Ein Wahnsinnsgefühl!

Nach einer kurzen Pause und den obligatorischen Fotos machen wir uns an den Abstieg. Dieser ist nicht so schlimm wie befürchtet, aber er braucht schon seine Zeit. Heute Morgen um kurz vor neun sind wir losgegangen, gegen 13 Uhr sind wir zurück in der Hütte.

Was ich übrigens ganz vergessen habe zu berichten: Gestern hat sich meine Freundin Jutta gemeldet, die ich aus meiner Eschenloher Wandergruppe kenne. Sie hat Urlaub, und wenn das Wetter mitspielt, möchte sie vielleicht für ein bis zwei Tage vorbeikommen. Am Nachmittag steht sie plötzlich in der Tür. Was für eine schöne Überraschung! So schnell hatte ich noch nicht mit ihrem Besuch gerechnet, aber Jutta hat sich spontan entschieden, und ich freue mich sehr. Während sie sich zwei Tage Ruhe bei uns auf der Hütte gönnt, gelingt es mir neben der Arbeit ganz gut, zwischendurch immer mal wieder wenigstens fünf Minuten zu finden, in denen ich mit ihr plaudern kann. In meiner Pause laufen wir zusammen eine Runde um den See, abends sitzen wir gemeinsam mit Kathi und Chris gemütlich in der Stube. Tagsüber kann man jetzt auch wunderbar draußen auf der Terrasse sitzen, denn seit zwei Tagen haben wir herrlichstes Wetter. Wann immer es geht, lasse ich meinen Blick von der Sonnenterrasse über den See und die Berge schweifen. Ich hoffe, es bleibt jetzt länger so schön.

Mittwoch, 01. Juli 2015

Der Dritte im Bunde

Auch heute kommen interessante Gäste auf unsere Hütte. Wir haben natürlich immer interessante Gäste, aber an manchen Tagen, wie etwa gestern, bleibt keine Zeit, sich mit ihnen zu unterhalten. Das finde ich zwar schade, aber in den nächsten Wochen, wenn mehr los sein wird, wird das wohl häufiger der Fall sein. Heute jedenfalls sind zwei Männer mit drei Hunden aus dem Allgäu angekommen. Das kann ja heiter werden, denke ich mir... Chris hat seinen Vierbeiner, die schwarze Colliehündin Cora, auch mit auf die Hütte gebracht, weil Kathi ja auch hier oben ist und daher nicht im Tal auf sie aufpassen kann. Die beiden haben Cora erst seit vier Wochen, und beide Seiten müssen sich noch aneinander gewöhnen. Die Vorbesitzerin der Hündin ist gestorben, und Cora sieht manchmal etwas traurig und verloren aus. Jedenfalls haben wir jetzt vier Hunde im Haus. Es stellt sich heraus, dass einer unserer Gäste anerkannter Hundetrainer ist und sich auf die Ausbildung von Lawinensuchhunden spezialisiert hat. Sein Begleiter trainiert hobbymäßig Hunde, und beide arbeiten des Öfteren zusammen. Ihre Hunde benehmen sich vorbildlich, stören überhaupt nicht und gehorchen aufs Wort. Es sind sehr schöne, gepflegte Hunde, zwei dunkelbraune Labradore und ein Bernersennen-Mischling. Und ich lerne wieder etwas: Lawinensuchhunde können in zwanzig Minuten ein Gelände absuchen, für das zwanzig Mann zwei Stunden brauchen würden. Wenn Menschen verschüttet werden, liegen ihre

Überlebenschancen bei neunzig Prozent, wenn sie innerhalb von fünfzehn Minuten gefunden werden. Lawinensuchhunde können also Leben retten, wenn es gelingt, den Hund rechtzeitig an den Einsatzort zu bringen.

Am Abend gegen 18 Uhr steht ein junger Mann vor der Tür, als wir gerade dabei sind, in der Küche das Abendessen zuzubereiten. Er steht einfach da und strahlt uns an. Plötzlich dämmert es mir: Das muss Adrian sein! Stimmt genau, es ist Adrian. Endlich, der dritte Mann im Bunde, der uns unterstützen wird. Wir heißen ihn herzlich willkommen und bieten ihm erstmal etwas zu trinken an. Adrian kommt aus Wien, ist jetzt aus Bozen angereist und seit heute Morgen acht Uhr unterwegs. Seinen Aufstieg zur Hütte hat er in dem Ort Putschall begonnen, weil er keine Möglichkeit hatte, zu dem deutlich höher gelegenen Parkplatz zu kommen. Deshalb ist er von ganz unten losgegangen, mit Sack und Pack. Viereinhalb Stunden lang, mit 25 Kilo auf dem Rücken. Adrian ist 25 Jahre alt und studiert in Bozen Umweltmanagement in den Bergregionen. Das passt doch! Vom Aussehen her würde ich sagen: Wunschschwiegersohn potenzieller Schwiegermütter. Schlank, braune Haare, große braune Augen und vom ersten Moment an sympathisch. Er ist hilfsbereit, denkt mit und packt gleich mit an. Als der Ofen angeschürt werden muss, fragt Adrian, ob er helfen kann. Ich frage ihn, ob er Kleinholz und Späne machen kann. Fünf Minuten später kommt er mit ausreichend Kleinholz zurück. Den ersten Test hat er erfolgreich bestanden.

Nun bin ich gespannt, wie ihm sein Zimmer wohl gefallen wird. Es ist zwar das schönste Zimmer, aber die Lage finde ich persönlich schrecklich. Denn Adrians Zimmer ist der Winterraum im Keller, der immer offen ist und von außen zugänglich sein muss, falls ein verirrter Wanderer im Winter, wenn die Hütte geschlossen ist, Zuflucht suchen muss. Auch durch den Kellerabgang der Hütte ist der Raum zugänglich. Aber da unten ist es feucht. Der Raum ist auf Stein gebaut, und der Zugang ist uneben. Und, wie überall üblich, dient der Keller auch als Stauraum, und zwar für alles: Bierfässer, Bierkästen, Lebensmittel, Mülltrennung, technische Geräte und so weiter. Mir würde grauen, wenn ich da nachts hinunter müsste. Ich hoffe, dem jungen Mann macht das nicht allzu viel aus... warten wir es ab.

Jetzt müssen wir Adrian erstmal einarbeiten, denn allzu viel Zeit haben wir dafür nicht. Chris und Kathi müssen morgen Abend nach dem Abendessen ins Tal, und Chris wird erst am Samstagmorgen wieder zurückkommen. Für die Nacht von Freitag auf Samstag haben sich vierzehn Gäste angekündigt. Das wird also Adrians erster Härtetest sein.

Meine kleine Krise habe ich übrigens überwunden. Momentan geht es mir richtig gut, und ich freue mich darauf, was mich morgen erwartet.

Donnerstag, 02. Juli 2015

Der erste Tag mit Adrian

Chris hat Adrian heute gleich ins kalte Wasser geworfen, genauso wie mich. Ich fürchte, die schlimmste Arbeit überhaupt auf so einer Hütte ist das Säubern der Kläranlage. Alle drei bis vier Wochen müssen die Säcke, die den gröbsten Dreck aus dem Abwasser auffangen, abgenommen und in große Plastikkisten gepackt werden. In diesen Kisten trocknen und lagern die Säcke, bis sie mit dem nächsten Helikopterflug im Frühsommer abtransportiert werden, um in der Kläranlage im Tal entsorgt zu werden.

Das ist also heute unser Job. Die schlimmste Aufgabe übernimmt Chris selbst. Er steigt in die Kläranlage und tauscht dort die vollen gegen leere Säcke aus. Die vollen Säcke hievt er hoch zu Adrian, der sie in Empfang nimmt und zu den beschriebenen Trocknungskisten bringt. Ich bewundere Adrian, der sich kein bisschen beirren lässt und alles tapfer durchzieht. Er bemüht sich sehr und hat ein wirklich gutes Gespür dafür, wo er gerade gebraucht wird. Außerdem ist er sich für nichts zu schade. Adrian erzählt mir, dass er schon mit 17 zuhause ausgezogen ist und als Student in mehreren WGs gelebt hat. So hat er schnell gelernt, unabhängig zu sein, sich selbst zu versorgen, aufzuräumen und zu spülen – ziemlich patent, der junge Mann.

Am Abend wollen Chris und Katharina zurück ins Tal. Geplant ist, dass Adrian und ich das Abendessen für die rund zehn

Leute, die wir heute erwarten, alleine vorbereiten und ausgeben. Schließlich ist es ja wichtig, dass wir uns als Team einspielen, und für Chris ist es wichtig zu wissen, ob das funktioniert. Am Freitag erwarten wir nämlich 20 Gäste, da sollte alles reibungslos klappen.

Adrian und ich schlagen uns wacker, finde ich. Ich übernehme die Küche, Adrian den Service. Ich merke, dass meine Handgriffe noch zu wenig effizient sind. Ich muss noch routinierter und vor allem schneller werden. Dennoch muss kein Gast lange auf sein Essen warten, und es kommt super an. Allen schmeckt's. Da ein Gewitter im Anmarsch ist, machen Chris und Kathi sich lieber früher als später auf den Weg. Chris hat wieder seinen großen Bundeswehrrucksack geschultert, voll bepackt mit Abfall, den er im Tal entsorgen wird.

Adrian und ich machen klar Schiff, unterhalten uns dann noch ein bisschen mit den Gästen und läuten um kurz nach 22 Uhr die Hüttenruhe ein. Wir besprechen noch, was für das Frühstück am nächsten Morgen zu tun ist, dann schalten auch wir das Licht aus.

Freitag, 03. Juli 2015

So viele Begegnungen

Am nächsten Morgen treffen Adrian und ich uns schon um 6.30 Uhr, um das Frühstück vorzubereiten. Adrian will versuchen, alles allein zu machen, und es dauert natürlich entsprechend lang. Aber ich lasse ihn, er muss sich ja ausprobieren. Jetzt kann ich mir ungefähr vorstellen, wie es Chris in den ersten Tagen mit mir ergangen ist. Aber alle Gäste bekommen ihr Frühstück und machen sich dann nacheinander auf den Weg. Fünf Gäste bleiben allerdings noch.

Der Morgen verläuft ruhig, so dass ich mir mal wieder gönnen kann, eine halbe Stunde vor der Hütte zu sitzen. Ab Mittag wird es dann turbulenter. Nach und nach trudeln unsere Gäste für die Nacht ein, und wir kommen ganz schön ins Laufen. Die Lager müssen eingeteilt, das Abendessen vorbereitet und zwischendurch noch schnell ein Kuchen gebacken werden.

Ganz überraschend taucht plötzlich Christoph auf. Er hat vor zwei Jahren hier gearbeitet und wollte nun spontan mit seinen beiden Freunden vorbeischauen. Witzig! Sofort fangen wir an, unsere Erfahrungen auszutauschen, und ich frage ihn, wie es ihm vor zwei Jahren als Hüttenwirt auf Zeit ergangen ist. Darauf antwortet er mit einem sehr schönen Satz: Er würde es nicht nochmal tun, aber er würde es auf jeden Fall getan haben wollen. Vielleicht sage ich das später auch mal?

Am Abend steht ein junger Mann vor der Tür, grinst und strahlt mich an. Ich denke mir, dass mir diese Situation doch irgendwie bekannt vorkommt. In der Tat: Es ist Adrians Bruder, der in Klagenfurt zu tun hatte, nur eineinhalb Stunden von Lienz entfernt, und sich spontan entschlossen hat, seinen Bruder zu besuchen. Und Adrian? Freut sich ganz wahnsinnig über den netten Überraschungsbesuch.

Unsere Premiere hat gut funktioniert, die Gäste haben uns und das Essen gelobt. Allerdings hat es uns so viel Zeit gekostet, die Küche sauber zu machen und abzuspülen, dass wir kaum Zeit mit den Gästen verbringen konnten, was ich schade finde. Es sind nämlich mal wieder einige sehr sympathische Gruppen da: eine Vierergruppe aus Sachsen, zwei Männer aus dem Vogtland, eine Familie aus Salzburg, zwei Schwestern um die 70 hier aus der Nähe und eine ältere Dame, die sich hier erholt. Außerdem noch unsere Hundeführer, die auch noch da sind. Ein bunt gemischtes Publikum aller Altersstufen, eine wirklich interessante Mischung. Alle sind sehr nett, zuvorkommend und gut gelaunt. Sie erfreuen sich an der Natur und an der Herausforderung, die eine mehrtägige Tour am Wiener Höhenweg mit sich bringt.

Wenn ich mir das hier so anschaue, die vielen unterschiedlichen Lebensentwürfe, komme ich ins Grübeln. Gestern bekam ich einen Anruf, es ging um ein interessantes Jobangebot. Einerseits ein Angebot, das man nicht alle Tage bekommt und das man nicht so einfach ausschlägt. Andererseits bin ich noch nicht so weit, dass ich wieder in das Hamsterrad eines stressigen Jobs einsteigen möchte. Zum Glück habe ich noch etwas Zeit, mir das zu überlegen.

Mir geht es gut hier. Ich genieße die Berge, das Panorama, die Abgeschiedenheit und die Vielfalt der Menschen, die mir hier begegnen. Natürlich vermisse ich gleichzeitig meine Freunde und meine Familie. Aber es geht mir gut – und ich freue mich auf morgen.

Samstag, 04. Juli 2015

Eine Party auf dem Berg

Heute ist ein arbeitsintensiver Tag. Es sind 36 Leute da, davon 20, die hier oben einen Geburtstag feiern. Es sind mehrere junge Familien, Erwachsene um die 30 mit ihren Babys und Kleinkindern. Eine junge Frau aus Wien, Alex, hat im Fernsehen einen Beitrag über unsere Hütte gesehen und deshalb beschlossen, hier oben zu feiern. In einer Wegbeschreibung hat sie gelesen, dass man bei „gemütlichem Gehen" etwa zweieinhalb Stunden bis auf die Hütte brauchen würde. Nun ja, es ist alles eine Frage der Perspektive... Aus dem gemütlichen Spaziergang, mit dem die Gäste gerechnet hatten, wurde jedenfalls nichts, denn schließlich muss man hier herauf auch etwa 800 Höhenmeter überwinden. Und das mit Babys und Kleinkindern... Es wurde natürlich viel später als geplant, bis die Gruppe oben war, und für andere Aktivitäten wie Boot fahren oder Baden im Holzfass bleibt nun leider keine Zeit (und auch keine Energie) mehr.

Am Nachmittag erreicht noch eine junge Frau allein unsere Hütte. Sie kommt aus einer unüblichen Richtung. Wie sich herausstellt, ist sie seit drei Tagen unterwegs und geht den

Wiener Höhenweg in entgegengesetzter Richtung, anders als alle bisherigen Wanderer. Ich bewundere sie, denn sie wandert ganz allein durch alpines Gelände. Sie sieht aber auch sehr fit aus und hat eine positive Ausstrahlung.

Außerdem ist unsere Vierergruppe aus dem Vogtland noch da. Die vier Männer zwischen 35 und über 50 kommen schnell mit der jungen Frau ins Gespräch. Sie stellen fest, dass sie fast aus dem gleichen Ort kommen, und haben so schnell ein Gesprächsthema. Die vier Jungs wollen unbedingt ein Bad im Badefass nehmen, und da unsere Geburtstagsgruppe das ja heute nicht mehr tun wird, kommen sie überraschend in den Genuss. Die junge Frau aus dem gleichen Ort kennt keine Scheu und steigt zu den vier Männern in den Zuber. Na wenn das mal gut geht...

Etwas später kommt eine Familie mit zwei Kindern. Die beiden Jungs sind sechs und acht Jahre alt und sehr gut erzogen. Sie geben ihre Bestellung zum Abendessen schon selbst auf und sagen immer ganz lieb „Bitte" und „Danke". Der jüngere der beiden erinnert mich an meinen kleinen Neffen Luis, der auch immer so verschmitzt grinst und so eine offene Art hat, auf Menschen zuzugehen.

Schließlich trudeln noch vier Männer ein, die eher zurückhaltend und nicht so gewohnt locker sind. Einer von ihnen hat einen fränkischen Einschlag im Dialekt. Vielleicht finde ich noch heraus, woher die vier kommen.

In Vorbereitung auf so viele Gäste hat Chris einen Schweinebraten angesetzt: vier Kilo Fleisch, mit Salz, Kümmel und Pfeffer eingerieben, mit Knoblauch abgeschmeckt und im Ofen gegart. Es duftet in der ganzen Hütte, und der Braten schmeckt köstlich. Wer also überlegt, mich hier oben besuchen zu kommen, sollte am Wochenende kommen, denn nur da gibt es diesen herrlichen Schweinebraten. Dazu servieren wir Salzkartoffeln und Weinkraut. Dieser Schweinebraten schmeckt noch besser als der, den ich von zuhause kenne. Vielleicht macht das die Bergluft. Jedenfalls finde ich hier auch den Kümmel köstlich, den ich sonst gar nicht mag. Dazu die Kruste und das Weinkraut – ein Gedicht.

Am Abend sind wir gespannt, wie wir es hinkriegen werden, das Abendessen für 36 Leute gleichzeitig auf den Tisch zu bringen. Alles eine Frage der Organisation! Adrian hilft Chris in der Küche, ich übernehme den Service. Chris war früher mal Chefkoch in einem größeren Restaurant und hat die Abläufe fest im Griff. 36 Gäste bedeuten für ihn noch lange keinen Stress. Wir bekommen alles gut hin, und das Essen kommt sehr gut an. Auf einer Hütte rechnen die Gäste nicht mit einem so gut zubereiteten Essen. Wir bieten zwar typische österreichische Gerichte an, aber Chris legt Wert auf Individualität. Er verwendet frische Bergkräuter, streut mal ein paar knusprige Körner über die Speisen, richtet alles schön an, und vieles wird vor Ort frisch gekocht. Das schmeckt man, und die Gäste merken und schätzen das.

Nach dem Ende der Geburtstagsfeier läuten wir mit einer Stunde Verspätung um 23 Uhr die Nachtruhe ein. Die Gäste gehen ins Bett, wir hingegen putzen und schrubben noch die Küche für den nächsten Tag. Bei Adrian habe ich ohnehin das Gefühl, dass er in den letzten drei Stunden nur gespült hat. Ich hätte nie gedacht, dass 36 Gäste so viele Gläser und so viel Geschirr produzieren. Adrian und ich machen schon Späße, dass wir Chris beim nächsten Mal, wenn er wieder ins Tal geht, eine Spülmaschine auf den Einkaufszettel schreiben.

Gegen Mitternacht geht der Tag zu Ende. Das Frühstück für den nächsten Tag haben wir schon vorbereitet, auch das hat bei so vielen Gästen natürlich seine Zeit gebraucht. Für den nächsten Morgen verabreden wir uns um 6 Uhr. Das wird also eine kurze Nacht nach einem langen, anstrengenden Tag. Mal sehen, was morgen sein wird.

Sonntag, 05. Juli 2015

Ein sonniger Sonntag

Habe ich eigentlich schon erwähnt, dass hier oben mittlerweile der Sommer angekommen ist? Seit einer Woche haben wir herrliches Wetter, es ist warm und die Sonne scheint. Der Schnee schmilzt langsam dahin. Allerdings haben wir nach wie vor Ostwind, so dass wir morgens einen wunderschönen Blick Richtung Osten haben, es ab mittags aber ziemlich kühl wird. Da unsere Sonnenterrasse zum Glück im Westen und geschützt direkt bei der Hütte liegt, stört uns der Wind nicht sonderlich. Sogar in meinem Zimmer ist die Temperatur jetzt so angenehm, dass ich nachts das Fenster öffnen kann, ohne zu frieren.

Der Sonntag plätschert heute so dahin, und die Gäste sind zufrieden, so dass wir beschließen, einen neuen Schweinebraten mit Weinkraut und einer herrlichen Bratensauce vorzubereiten. Ich backe ein Brot – inzwischen bekomme ich das mühelos auch mit drei bis vier Kilo Teig hin –, Blaubeermuffins und einen Apfelkuchen. Nebenbei waschen wir Wäsche – und nutzen das gute Wetter zum Trocknen aus – und können sogar eine halbe Stunde auf der Terrasse sitzen. Wunderbar!

Ich habe mich eingelebt, bin angekommen. Das einzige, was mir nach wie vor fehlt, ist Zeit für mich. Allerdings bin ich daran auch ein wenig selbst schuld, denn ich nehme mir diese Zeit nicht. Morgen wird Chris wieder ins Tal gehen. Vielleicht finden Adrian und ich dann unseren eigenen, etwas entspannteren Rhythmus.

Eins muss ich aber noch erzählen: Die vier Jungs aus dem Vogtland, wirklich nette Typen, mussten bei ihrer Abreise 50 Halbe Bier bezahlen. Das heißt, sie haben 25 Liter Bier getrunken, und das an drei Abenden. Das war mehr, als die 20 Geburtstagsgäste an einem Abend geschafft haben. Am letzten Abend haben die vier uns dann eine Flasche Likör aus ihrer Region geschenkt. Was für eine nette Geste!

Nun gehe ich ins Bett, denn morgen warten ja schon wieder zwölf Gäste auf ihr Frühstück.

Apfelkuchen

500 g	Mehl (½ normales Backmehl Weizen oder Dinkel ½ „griffiges" Mehl (Wiener Mehl, Weizen- oder Dinkelmehl zum Backen)
200 g	Zucker
250 g	Butter oder hochwertige Margarine
1/2 P.	Backpulver
2	Eier
0,5 Fl.	Bittermandelaroma

Zutaten sollten kühl sein.

1 kg	Äpfel

nach Belieben: Rosinen, Zimt, Zucker, Mandelsplitter

Mehl sieben, mit Backpulver mischen. Zucker, Butter (dünn geschnitten) und Eier sowie das Bittermandelaroma hinzugeben (max. ½ Fläschchen, Aroma ist sehr intensiv). Daraus zügig einen Mürbeteig kneten. Kurz im Kühlschrank ruhen lassen.

Äpfel schälen und entkernen. In Würfel schneiden. Mit Zitrone beträufeln, damit sie schön hell bleiben. Nach Belieben Rosinen, Mandelsplitter hinzugeben. Mit Zimt und ggf. Zucker bestreuen.

2/3 des Teiges ausrollen und auf Backblech bringen (geht leicht, wenn man mit Frischhaltefolie ausrollt). Teig am Blech mit Gabel mehrfach einstechen. Apfelmischung darauf geben. Den Rest des Teiges ausrollen und auf die Apfelmasse geben.

Ca. 45 min bei 200 Grad backen. Der Teig reicht für ein kleines (Standard-)Blech.

Viel Spaß beim Probieren!

Montag, 06. Juli 2015

Die Routine setzt ein

In den letzten beiden Tagen kamen jeweils über 20 Übernachtungsgäste. Das zwingt uns dazu, Routine in unsere Abläufe zu bringen. Heute Abend bewirten wir 26 Gäste, und wie ein eingespieltes Team bringen wir allen ihr Essen, ganz routiniert, ohne Stress und ohne Hektik. So macht es richtig Spaß. Anstrengend ist es natürlich trotzdem, denn aktuell dauern unsere Arbeitstage von sechs Uhr früh bis 22.30 oder 23 Uhr, das geht auf Dauer schon an die Substanz. Ich habe vorgeschlagen, dass wir uns abwechseln, sobald wir eingespielt sind. Einer fängt in der Früh an, dafür übernimmt ein anderer die Spätschicht. So konnte ich heute bis acht Uhr ausschlafen, weil Adrian und Chris die Frühschicht übernommen haben. Richtig ausschlafen konnte ich zwar nicht, weil die Hütte natürlich sehr hellhörig ist, und wenn 26 Leute in der Früh zwischen sieben und acht gleichzeitig frühstücken und aufbrechen, ist das nicht gerade leise. Aber ich konnte liegen bleiben, das ist doch schon mal etwas.

Ich finde heraus, woher die vier Männer kommen, die so ruhig und zurückhaltend sind. Sie kommen aus Unterfranken, aus der Nähe von Würzburg. Dachte ich's mir doch! Wir unterhalten uns ein wenig, und sie tauen etwas auf. Wenn sie noch länger blieben, würden sie sicher auch noch ganz locker. Aber sie reisen morgen nach drei Tagen wieder ab. Immerhin hat es ihnen bei uns gut gefallen und sie haben sich wohlgefühlt.

Sehr viel kann ich momentan natürlich nicht mit den Gästen reden, weil so viel los ist. Aber fünf Minuten finden sich zwischendurch mal, und auch das wird sich noch einpendeln.

Dienstag, 07. Juli 2015

Musik liegt in der Luft

Adrian hat heute Morgen einen Spezialauftrag bekommen. Zu den Aufgaben eines Hüttenwirtes gehört es, die Wege in seinem Hüttengebiet zu überprüfen und bei Bedarf zu pflegen. Heute muss die Hornscharte, eine wichtige Verbindung auf dem Wiener Höhenweg zwischen unserer Hütte und der Elberfelder Hütte, geprüft werden. Die Wirte der beiden Hütten stimmen sich telefonisch ab. Chris muss seine Hälfte des Weges checken und zum Beispiel bei Bedarf Seilsicherungen ausbessern. Adrian, der als Bergläufer gerade für den Großglockner-Lauf trainiert, soll die Hornscharte überprüfen, Fotos machen und berichten, was gegebenenfalls repariert werden muss. Das ist auch deshalb wichtig, damit wir unseren Wanderern eine Routenempfehlung geben können. Gleichzeitig hat Adrian so eine hervorragende Möglichkeit zu trainieren. Nach zwei Stunden ist er wieder zurück. Er bringt tolle Fotos mit und ist sich nun sicher, dass der Weg, den er abgelaufen ist, unsere künftig empfohlene Route sein wird.

Am Nachmittag kommen sechs angekündigte Gäste und weitere sechs unangemeldete Besucher. Chris hat zum Glück nochmal seinen köstlichen Schweinebraten zubereitet. Ich betätige mich heute wieder im Service und frage die Gäste, ob sie bei uns zu Abend essen wollen. Tagsüber haben wir eine Speisekarte, abends nur ein Hauptgericht. Wenn jemand vorbestellt hat oder etwas Vegetarisches möchte, bieten wir auch mal eine Alternative an. Ansonsten wird abends gegessen, was auf den Tisch kommt. Katharina hat mir neulich mal ein Kompliment gemacht: Ich würde den Leuten so nett verkaufen, was ohnehin gerade alternativlos auf dem Herd steht. Sie meinte, es höre sich so an, als hätten die Gäste sich aus freien Stücken für genau dieses Essen entschieden. Heute habe ich es sogar geschafft, einer Vegetarierin unseren Schweinebraten zu verkaufen. Chris konnte es gar nicht glauben. Er hat ihr sehr geschmeckt, sie hat alles aufgegessen.

Am Abend haben wir einen Gast, der Gitarre spielen kann. Nach dem Abendessen sitzt er in der Stube und macht Musik, und das gefällt uns allen sehr. Ein schöner Abend! Kathi und Chris sind heute wieder ins Tal runter gegangen. Bis Freitag werden Adrian und ich die Hütte allein versorgen. Aber inzwischen mache ich mir da keine Sorgen mehr, zumal für die nächsten Tage nicht sehr viele Gäste angemeldet sind. Ich spekuliere also darauf, dass wir ein wenig Gelegenheit haben werden, die Sonne und das herrliche Wetter zu genießen. Warten wir's ab.

Mittwoch, 08. Juli 2015

Stressfrei im Sturm

In der Nacht stürmt und gewittert es so heftig, dass mir alle vorherigen Unwetter dagegen wie eine Kleinigkeit vorkommen. Ich habe das Gefühl, als fliege gleich die Hütte davon. Es regnet und hagelt wie wild. Vor ein paar Tagen haben wir ein neues großes Zelt aufgestellt. Chris hat noch dazu gesagt, wir müssten bei Sturm die Zeltstange umlegen. Aber als das Gewitter mitten in der Nacht losgeht, schlafe ich schon. Als ich aufwache, ist das Unwetter in vollem Gange. Da habe ich auch keine große Lust, vor die Tür zu gehen. Adrian denkt sich offenbar das gleiche, und so lassen wir es darauf ankommen. Als wir am Morgen aufstehen, steht das Zelt noch perfekt da – bei strahlendem Sonnenschein und blauem Himmel. Glück gehabt!

Unsere Gäste machen sich zum Abmarsch bereit. Drei junge Wanderer sind schon um fünf Uhr in der Früh Richtung Keeskopf aufgebrochen. Ab sieben Uhr geht eine Gruppe nach der anderen los. Um halb acht zieht der Himmel sich plötzlich zu, und es kommt nochmal ein heftiges Gewitter. Die letzte Gruppe, die noch auf der Hütte ist, geht daher erst gar nicht los, sondern bleibt lieber im Trockenen. Die Gruppe, die zum Keeskopf gelaufen ist, kommt um kurz nach acht völlig durchnässt wieder hier an. Auch die Gruppe mit dem Gitarrenspieler ist unterwegs umgedreht und kommt zurück, ebenso wie drei Tschechen, die von uns aus gestartet sind und ihre Wanderung dann abgebrochen haben. Ohne Steigeisen kann man die Hornscharte noch nicht bewältigen, und bei dem Wetter macht das alles auch keinen rechten Spaß. Die drei wollen also eine andere, etwas längere Route gehen, sobald das Wetter besser wird. Allerdings ist für den ganzen Tag Regen vorhergesagt.

Ich frage mich, ob die fünf für heute angekündigten Gäste wohl kommen werden und wen es bei dem Wetter sonst noch hierher verschlagen wird. Zum Glück soll es ab morgen und vor allem zum Wochenende hin wieder schöner werden. Für Sonntag hat sich mein erster „geplanter" Besuch angemeldet: Gaby und Günther mit Marley. Ich freue mich schon sehr.

Am Vormittag um elf haben Adrian und ich bereits die ganze Hütte aufgeräumt, nur in der Küche wartet noch etwas Arbeit. Da heute wahrscheinlich keine Tagesgäste mehr kommen werden, lassen wir es entspannt angehen. Fürs Abendessen haben wir noch etwas im Kühlschrank. Nachdem alle Gäste aus dem Haus sind und wir auch die Küche in Ordnung gebracht haben, kommen überraschend doch drei Wanderer. Sie machen sich aber nach einem kurzen und schnellen Mittagessen bald wieder auf den Weg, denn aus dem Tal zieht Nebel herauf. Adrian und ich kochen uns ein paar Nudeln mit Tomaten-Zucchini-Sauce, anschließend lesen wir jeder etwas, und um 14 Uhr mache ich Pause und lege mich hin. Ich hole eine Mütze Schlaf nach, das ist dringend nötig!

Als ich wieder wach bin, macht Adrian Pause. Er möchte die Zeit nutzen, um auf den Keeskopf zu gehen, aber kaum ist er eine Viertelstunde weg, zieht es sich wieder zu und ein neues

Gewitter kommt auf. Der Wetterumschwung ereignet sich hier oben in den Bergen viel schneller, als ich es von zu Hause gewohnt bin. Es fängt heftig an zu hageln, und ich mache mir Sorgen um Adrian. Aber nach einer weiteren Viertelstunde steht er bereits pitschnass wieder in der Tür. Er ist zurück gerannt, als er halb oben war. Das war wohl nichts.

Nachdem es aufgehört hat zu hageln, geht Adrian nochmal raus, um das Holz abzudecken und die Zelte zu sichern – obwohl es weiter regnet und stürmt. Ein Wahnsinn! Ich wäre bei dem Wetter nicht vor die Tür gegangen.

Trotz des Unwetters verirren sich einige Tagesgäste zu uns: eine dreiköpfige Familie – die Eltern mit ihrer erwachsenen Tochter – sowie eine junge Familie aus Ungarn mit vier Kindern zwischen etwa sieben und zwölf Jahren. Die Kinder sind äußerst dankbare Abnehmer meiner Heidelbeer-Muffins. Kurz nachdem die Familie wieder aufgebrochen ist, zieht Nebel auf. Ich hoffe, dass sie gut ins Tal kommen.

Die fünf angekündigten Gäste aus Holland tauchen nicht auf. So sind Adrian und ich abends allein auf der Hütte – und alle Arbeit ist bereits getan. Wir machen es uns neben dem Kamin gemütlich – ohne Feuer ist es momentan einfach wieder zu kalt – und genießen ein paar verfeinerte Reste vom Mittagessen mit einem Glas Rotwein. So kann man es sich gut gehen lassen.

Adrian erzählt mir, was er schon so alles gemacht hat. Außer Berglaufen, Bergsteigen und Skitourengehen segelt er auch gern. Er erzählt mir von Skitouren, bei denen er im Schnee übernachtet hat, oder von Ausflügen mit Freunden, bei denen sie vier Tage lang nur mit dem Nötigsten auskommen mussten. Ich finde es richtig schön zu spüren, wie verbunden Adrian mit der Natur und seiner österreichischen Heimat ist.

Trotz des eher ruhigen Tages sind wir beide müde und läuten deshalb auch ohne Gäste um 22 Uhr die Hüttenruhe ein. Adrian fühlt sich übrigens in seinem Kellergemach sehr wohl und ist froh, dass er etwas abgeschieden vom Trubel seine Schlafstätte hat. Er hat es sich gemütlich eingerichtet und macht das Beste daraus.

Gute Nacht!

Donnerstag, 09. Juli 2015

Bergrenner

Am Morgen startet Adrian einen neuen Versuch, auf den Keeskopf zu laufen. Ja, *laufen*: Er möchte nicht mit Bergschuhen hinauf wandern, sondern mit Turnschuhen hochjoggen. Ich wache auf, als ich die Haustür höre, und sehe ihn um genau 6.13 Uhr loslaufen. Ich drehe mich nochmal um und denke mir, dass es reichen sollte, wenn ich uns gegen 8.30 Uhr Frühstück mache. Um 7.30 Uhr höre ich die Haustür schon wieder und wundere mich, denn so früh hatten wir noch nie einen Gast. Es ist auch kein Gast, es ist Adrian. Wie um Himmels Willen kann er schon wieder da sein? Als ich mit

Kathi auf den Keeskopf gewandert bin, haben wir 2,5 Stunden rauf und 1,5 Stunden runter gebraucht. Adrian hat für beide Strecken insgesamt nur eine Stunde und fünf Minuten gebraucht. Natürlich hat er oben auch noch die Aussicht genossen und sich ins Gipfelbuch eingetragen, so dass es dann summa summarum 1 Stunde 20 Minuten waren. Nicht zu fassen!

Wir genießen ein schönes Frühstück auf der Terrasse. Die Sonne scheint, aber es ist zehn Grad kälter als vor dem Gewitter. Nach dem Frühstück kümmern wir uns um die Hütte und machen klar Schiff. Bereits kurz darauf steht der erste unangemeldete Gast vor der Tür. Er läuft den Wiener Höhenweg entlang und möchte bei uns bis morgen Station machen.

Ich denke an meine beiden Nichten, die heute zur Firmung gehen. Schade, dass ich nicht dabei sein kann. Das macht mich schon etwas wehmütig. Ansonsten bin ich froh, dass ich mich hier oben inzwischen so gut eingewöhnt habe.

Freitag, 10. Juli 2015

Ein eingespieltes Team

Um kurz nach neun macht sich unser Gast auf den Weg, so dass Adrian und ich wieder allein sind. Wir bringen die Hütte in Ordnung und gönnen uns dann eine Pause. Anschließend erstellen wir eine To-Do-Liste und arbeiten sie nach und nach ab: Wir hacken Holz, backen Kuchen und kochen Essen vor. Weit und breit ist kein Gast zu sehen, so dass wir ohne Unterbrechung und in unserem eigenen Rhythmus arbeiten können. Ist schon praktisch, so eine To-Do-Liste.

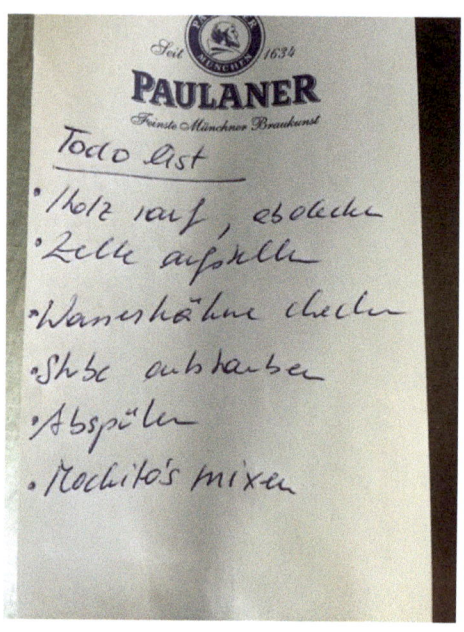

Erst am späten Nachmittag kommen Gäste. Wir kümmern uns wie immer um sie, aber aus irgendeinem Grund ist heute eine komische Stimmung, und manche der Gäste scheinen nicht ganz zufrieden zu sein. Sie hatten sich wohl eine größere Auswahl zum Abendessen erwartet, sie stören sich an der Hüttenruhe um 22 Uhr und daran, dass es erst ab 7 Uhr Frühstück gibt. Sie geben auch fast kein Trinkgeld. Naja, vielleicht waren wir bisher verwöhnt von so vielen netten Gästen. Verstehen können wir es nicht, da geht es Adrian genauso wie mir.

Eine ganz nette Familie taucht noch auf, Mann, Frau, Kind und Oma. Die beiden Frauen sind sehr nett, auch der Junge ist freundlich und sympathisch und wirkt sehr aufgeweckt. Der Mann fragt, ob er, da er selbst Bergführer ist, umsonst übernachten darf. Leider kann ich das nicht ermöglichen, denn das ist erst ab einer Gruppengröße von fünf Personen und im Einsatz vorgesehen, nicht bei privaten Ausflügen. Es geht übrigens auch nur um 10 Euro, die ihn die Übernachtung kostet. Aber gut, dann will der Mann das Geld woanders sparen, nichts essen und trinken, sondern seine Familie und sich selbst versorgen. Das ist so ähnlich, als ginge man in ein Restaurant und brächte seine eigene Brotzeit mit. Die Hütte lebt von der Bewirtung der Gäste. Die Einnahmen der Übernachtungen gehen an den Alpenverein. Der Bergführer, eigentlich ein sehr sympathischer Mann, erzählt, dass er mit seiner Familie in Santa Barbara in Kalifornien lebt. Also am Hungertuch nagt er vermutlich nicht...

Es kommen auch noch Leute aus Ungarn und Tschechien. Auch sie fragen nach, ob sie sich selbst versorgen dürfen. Eigentlich müssten sie dazu in eine einfache Hütte ohne Gastbetrieb gehen. Aber ich will nicht jammern. Stattdessen freue ich mich darüber, dass Adrian und ich mittlerweile so ein eingespieltes Team sind und die Arbeit Spaß macht. Wir sind inzwischen viel schneller und effizienter geworden. Ich denke, Chris kann zufrieden sein.

Und ich freue mich auf meine angekündigten Besucher.

Sonntag, 12. Juli 2015

Fast wie Weihnachten: die ersten geplanten Besuche

Für heute haben sich meine Freunde Gaby und Günther angekündigt. Ich bin schon ganz gespannt und freue mich. Wahrscheinlich kommen sie erst am Nachmittag. Am Morgen übernehme ich nach dem Frühstück die Schicht von Adrian mit, damit er noch einen langen Berglauf zur Vorbereitung auf den Großglockner-Lauf absolvieren kann. Er will ins Tal gehen und dann wieder hoch laufen. Den Vormittag verbringe ich daher allein mit Chris und Kathi, die inzwischen wieder da sind.

Das Wetter ist heute herrlich, und ab kurz nach zehn trudeln die ersten Tagesgäste ein. Sie nehmen in der Stube sowie auf den Terrassen vor und hinter der Hütte Platz, so dass ich durch und um die Hütte herum sause, um alle zu bedienen. Chris schmeißt die Küche, und Kathi hilft hier und dort aus. Es läuft alles wie am Schnürchen und macht Spaß. Irgendwann am Nachmittag ist der große Trubel dann vorbei, die Tagesgäste machen sich wieder auf den Weg, und die ersten Übernachtungsgäste kommen an. Adrian ist von seinem Lauf zurückgekehrt, er übernimmt, so dass ich eine lange Pause machen kann.

Seit Tagen fasziniert mich die Slackline, ein fußbreites Band, das zwischen zwei Bäumen über einige Meter gespannt ist und auf dem man balancieren kann. Ich nutze die Pause, um zu üben, aber es ist wahnsinnig schwierig. Ich schaffe gerade mal zwei Schritte. Also wieder hoch und weiter üben. Zwei Schritte balancieren – und dann passiert es: Ich kann mich nicht halten, steige ab, trete in ein Erdloch und knicke um. Jetzt schmerzt mein Knöchel ziemlich. Hoffentlich habe ich mir nichts gezerrt. Ich hole Eis, lege den Fuß hoch und kühle ihn. Eine Fußverletzung kann ich jetzt wirklich nicht gebrauchen.

Nachmittags kommt ein Mann um die 40 mit seinem 14- bis 15-jährigen Neffen. Der Junge ist fix und fertig und kann nicht mehr. Sein Onkel hingegen ist noch voller Energie und will gern noch weiter zur Elberfelder Hütte. Allerdings haben die beiden schon von der Lienzer Hütte bis zu uns viereinhalb Stunden gebraucht – für eine Strecke, die normalerweise in drei bis dreieinhalb Stunden zu bewältigen ist. Und die Strecke bis zur Elberfelder Hütte ist mindestens genau so lang und noch schwieriger. Die beiden wollen durch die Hornscharte gehen, dazu brauchen sie auch um diese Jahreszeit immer noch Steigeisen. Die haben sie aber nicht dabei. Hinzu kommt, dass es bereits 15.30 Uhr ist. Deshalb bitte ich Chris, mit dem Mann zu reden und ihm abzuraten, heute noch weiter zu gehen. Der will davon allerdings nichts hören, und so machen sich die beiden auf den Weg. Zwei Stunden später stehen sie wieder vor der Tür. Da ist die Stube voll, mit einigen angemeldeten und mehreren unangemeldeten Gästen. Wir verköstigen alle – und ich frage mich, wo Gaby und Günther wohl bleiben.

Endlich, gegen 18 Uhr, sehen wir sie. Günther ist schwer bepackt, und ich frage mich, was er alles mit sich auf den Berg schleppt. Ich vermute, er trägt die Schlafdecke für den Hund und wer weiß, was sonst noch alles. Meine „bestellten" Vitamintabletten und die Flip Flops können ja nicht so schwer sein. Gegen 19 Uhr sind die beiden endlich da, und nach einer herzlichen Begrüßung fängt Günther gleich an, seinen Rucksack auszupacken. Darin sind Schalotten für Chris, Tomaten für Adrian und mich, Ananas und Granatapfelkerne, Goji-Beeren, Cashewkerne, meine Flip Flops und – tatsächlich! – eine aufblasbare Isomatte, damit ich meine Matratze ein bisschen aufpeppen kann. Kein Wunder, dass der Rucksack 20 Kilo wog. Gabi hat außerdem meine Vitamintabletten mitgebracht und ein Carepaket Gummibärchen von meiner Freundin Margit. Das ist ja wie Weihnachten, so eine Überraschung. So werden wir die nächsten Wochen auf jeden Fall gut überstehen.

Natürlich bekommen auch Gabi und Günther ein schönes Abendessen. Chris schürt das Badefass an, und so gönnen Gabi und ich uns nach dem Essen ein warmes Bad. Günther mag nicht. Adrian bringt uns Hollersekt ans Badefass, und so sitzen wir da wie die Prinzessinnen, trinken Sekt, lassen es uns gut gehen und genießen die Aussicht und das warme Wasser. Meinen Knöchel hänge ich allerdings raus in die kalte Luft, denn er tut immer noch weh und ist ziemlich angeschwollen. Es fällt mir gar nicht so leicht, vom Badefass zur Hütte zurück zu gehen. Dort angekommen, lassen wir den Abend bei einem Glas Hollersekt gemeinsam mit Chris, Kathi und Adrian ausklingen. Ach, ist das schön!

Bevor ich ins Bett gehe, mit meiner neuen Isomatte, streiche ich mir kalten Topfen auf den Knöchel und wickle eine Bandage herum. Günter hat Voltaren dabei, und damit überstehe ich die Nacht ganz gut. Am nächsten Morgen sieht mein Fuß ganz in Ordnung aus.

Montag, 13. Juli 2015

Die nächste Überraschung

Zum Glück ist heute nicht so viel los, so dass ich zwischendurch immer mal wieder Zeit mit Gaby und Günther verbringen kann. Trotzdem muss die Arbeit erledigt werden. Gaby möchte mir gern beim Brotbacken zusehen, und da Chris nichts dagegen hat, hilft sie mir, den Teig zu kneten und das Brot zu backen. Danach bereiten wir mal wieder Kaspressknödel zu. Chris setzt eine Wanne voll Knödelteig an, und Gaby hilft Adrian und mir, daraus die Knödel zu formen, die Chris dann gart. So macht das Spaß!

Hüttenbrot (Einfaches Bauernbrot)

Mit diesem Rezept haben wir auf der Hütte fast täglich Brot gebacken. Jeweils zwei große Brote und eine kleine Kastenform – damit wir das Brot in einheitliche Scheiben schneiden konnten. Natürlich kann das Brot als Laib geformt individuell gebacken werden. Wir haben jeweils mit ca. 3 kg Mehl gebacken, ich habe das Rezept hier für 1 kg umgeschrieben.

500 g	Dunkles Roggenmehl (z. B. Type 1150, Brotbackmehl)
500 g	Weizenmehl (z. B. Type 812) alternativ Dinkelvollkornmehl (z.B. Type 1050)
2 EL	Brotgewürzmischung (nach Belieben, enthält normalerweise Kümmel, Schwarz- und oder Kreuzkümmel, Anis, Pfeffer, Koriander)
3-4 TL	Salz
2 P.	Trockenhefe
ca. 600 ml	lauwarmes Wasser

Idealerweise wird das Mehl gesiebt. Dann alle weiteren trockenen Zutaten dazugeben und locker mit der Hand durchmischen.

Nun das Wasser dazugeben (nicht alles auf einmal!) und den Teig kneten. Je nach Beschaffenheit des Mehles kann es sein, dass etwas weniger oder vielleicht auch etwas mehr Wasser benötigt wird. Falls zu viel Wasser verwendet wurde, einfach wieder etwas Mehl dazu geben.

Im Kneten des Teiges liegt das Geheimnis guten Brotes! Das Kneten des Teiges hat auch etwas Meditatives (vor allem, wenn man 3 kg und mehr Teigmasse knetet). Je nach Beschaffenheit ggf. noch etwas Mehl unterkneten.

Kneten Sie den Teig, bis er nicht mehr „störrisch" ist und so gut wie nicht mehr klebt. Er soll weich und elastisch sein. Am besten gelingt das direkt auf der bemehlten Arbeitsfläche.

Wenn der Teig soweit ist, legen Sie den Teigfladen zurück in die Schüssel, decken ihn mit einem Tuch ab und lassen ihn an einem warmen Platz ruhen bzw. gehen. Nach ca. 1 Stunde hat sich das Volumen etwa verdoppelt.

Teig herausnehmen und in 2 Teile teilen. Diese nochmals kurz kneten und in eine schöne Laib- oder längliche Form bringen.

Backblech mit Backpapier auslegen und die 2 Teile darauflegen. Teig oben anritzen, damit sich das Brot schön entfalten kann. Nochmal kurz an einem warmen Ort abgedeckt ca. 20 Min. ruhen lassen.

Blech mit den beiden Teiglingen in den Ofen schieben. Bei 250 Grad Ober/Unterhitze ca. 10 Minuten backen und dann bei 220 Grad die restlichen 30 Minuten. Wird es zu dunkel, ggf. nach 20 min. auf 180 Grad für die restliche Zeit reduzieren. Wenn man eine Schale mit Wasser mit in den Ofen zum Backen stellt, wird das Brot auch noch schön kross.

Mit der Zeit habe ich das Brot auch immer etwas variiert. Verlassen Sie sich hier auf Ihr Gefühl und Ihre Intuition. Je nach Geschmack können auch mehr Gewürze oder z. B. Sonnenblumenkerne, Kürbiskerne oder Walnusskerne mit in den Teig gemischt werden.

Kaum sind wir fertig, steht schon mein nächster Besuch vor der Tür: Heidi mit Stephan und Andrea. Sie verbringen eine Woche in Sexten, Südtirol, und haben spontan beschlossen, heute eine Wanderung zu uns zu machen. Na das ist mal eine gelungene Überraschung! So sitzen wir mittags alle zusammen am Tisch und probieren die Kaspressknödel. Lustiger Weise ist es fast die gleiche Truppe wie damals, als ich in Orlando war. Da wollten Gaby und Günther abreisen, als Heidi und Stephan ankamen, und auch damals sind wir zusammen zum Essen gegangen.

Heidi, ebenso wie zuvor Gaby, will natürlich gern meine Kemenate sehen, um sich ein Bild davon zu machen, wie ich hier oben so lebe. Klein, aber ganz gemütlich. Mit wie wenig man bzw. frau doch auskommen kann. Am frühen Nachmittag machen sich Heidi und Stephan mit Andrea wieder auf den Weg ins Tal, um dann zurück nach Sexten zu fahren. Ich hab mich so über den Kurzbesuch gefreut! Gaby und Günther bleiben ja zum Glück noch.

Am Nachmittag kommt schon wieder eine Überraschung. Vor meiner Abreise hatte ich gemeinsam mit Heidi in einem Mammut-Shop in Nürnberg ein paar Einkäufe erledigt. In dem Laden kamen wir mit einer Verkäuferin ins Gespräch, und diese war ganz angetan von meinen Plänen, drei Monate auf einer Hütte zu verbringen. Sie erzählte uns, dass sie noch auf der Suche nach einer Wandertour mit einer Freundin sei, und dass sie ja vielleicht vorbei kämen. Was man halt so sagt. Und jetzt steht sie plötzlich vor mir, die Freundin im

Schlepptau. Was für eine nette Idee! Die beiden fühlen sich richtig wohl bei uns und klettern später noch ins Badefass. Wir unterhalten uns und ich erfahre, dass beide Frauen im Outdoor-Bereich arbeiten, die eine eben in dem Laden in Nürnberg, die andere als Trainerin und Mediatorin. Das ist mal ein wirklich netter Kontakt.

Auch Gaby und Günther nutzen die Gunst der Stunde und steigen ins Badefass. Das Gefühl, in diesem Badezuber mitten in dem imposanten Bergpanorama zu sitzen, ist einfach unschlagbar. Danach fühlt man sich wohl und ausgeglichen, als käme man aus der Sauna. Nur noch besser.

Adrian und Chris bemühen sich nach Kräften, mir Zeit freizuschaufeln, damit ich Zeit mit meinen Freunden verbringen kann. Ich weiß das sehr zu schätzen, denn inzwischen haben wir richtig viel zu tun. Es kommen sehr viele Tages- und Übernachtungsgäste, und eigentlich ist immer etwas zu tun: Brot backen, Kuchen backen, Essen vorbereiten usw.

Mit meinem Fuß bin ich momentan leider ziemlich eingeschränkt. Der Knöchel ist jetzt doch wieder angeschwollen und ganz blau. Ich fürchte, das Band ist zumindest angerissen. Fast sieht es so ähnlich aus wie nach meinem Motorradsturz letztes Jahr, nur dass es diesmal den rechten Fuß getroffen hat. Ich salbe und bandagiere fleißig, und Chris gibt mir sogar eine Schiene, so dass es einigermaßen geht. Aber runter ins Tal gehen kann ich so nicht. Vielleicht habe ich ja Glück und es kommt mal ein Arzt hier herauf.

Vorerst läuft Adrian für mich, wo er kann, und auch Chris achtet darauf, dass ich immer wieder Pausen habe, in denen ich den Fuß hochlegen kann.

Obwohl wir jetzt mehr Gäste haben, funktioniert es mit der Sitzordnung am Abend zunehmend gut. Wir versuchen, nach Möglichkeit auch fremde Gäste gemeinsam an einem Tisch zu platzieren und machen unsere zweite Stube bewusst nicht auf. Einerseits könnten wir sie kaum heizen, denn abends ist es ganz schön kühl, andererseits säßen dann Einzelpersonen und Paare allein an einem Tisch. Durch die unfreiwillige Mischung kommen die Leute miteinander ins Gespräch und es ergibt sich eine gesellige Stimmung. Viele der Gäste sind sich unterwegs immerhin schon begegnet oder kennen sich schon von einer der anderen Hütten.

So macht das Leben und Arbeiten hier Spaß. Anstrengend ist es immer noch, schließlich bin ich von 6 Uhr oder 6.30 Uhr in der Früh bis abends 22.30 oder 23 Uhr auf den Beinen. Doch ich habe mich eingelebt.

Mittwoch, 15. Juli 2015

Eine dramatische Rettungsaktion

Heute durfte ich wieder „ausschlafen". Chris und Adrian haben das Frühstück übernommen. Die beiden versuchen wirklich, mich so gut wie möglich zu entlasten, damit ich meinen Fuß etwas schonen kann. Trotzdem bin ich jeden Tag über zehn Stunden auf den Beinen, was dem Fuß natürlich nicht so gut tut. Dennoch wird es langsam besser und die Schwellung geht zurück.

Um acht Uhr starten wir heute gleich mit Kuchenbacken, und zwar mit Apfel- und Käsekuchen. Für den Nachmittag erwarten wir eine 30-köpfige Wandergruppe, da müssen wir vorsorgen. Chris kocht Chili und bereitet wieder seinen berühmten Schweinebraten zu. Noch haben wir 20 Übernachtungsgäste im Haus, und manche würden ganz gern noch bleiben. Vor allem drei Mädchen zwischen sieben und zwölf, die mit ihrem Vater unterwegs sind, möchten noch nicht aufbrechen. Gestern Abend wollten sie unbedingt wissen, was hier auf der Hütte so alles zu tun ist. Ich habe sie dann beim Brotbacken mithelfen lassen, und jede durfte ein kleines Stück Teig haben und sich für den Morgen ein eigenes Frühstücksbrötchen backen. Das fanden sie natürlich toll. Später haben sie alle Gläser von den Tischen abgetragen und sie mit großer Begeisterung in unserem Gläser-Spülboy gespült. Ich hab mich über die aufgeweckten, gut gelaunten Mädchen gefreut, und der Vater hat es genossen, mal eine Stunde für sich zu haben. Jetzt fällt der Abschied natürlich schwer, und erst, nachdem sich die drei Mädchen von jedem von uns drei Mal verabschiedet haben, marschieren sie mit ihrem Vater los.

Gerade, als wir mit den Vorbereitungen fertig sind, bricht die angekündigte Wandergruppe wie ein Tsunami über die Hütte herein. 30 Rentner, die alle zur gleichen Zeit essen, trinken und dann auch fast schon wieder bezahlen wollen. Die haben es aber eilig! Nach zwei Stunden ist der ganze Zauber auch schon wieder vorbei. Und dann dauert es nicht lange, bis unsere Übernachtungsgäste eintrudeln.

Chris macht sich heute wieder auf den Weg ins Tal, wo er bis Freitag oder Samstag bleiben möchte. Adrian und ich kümmern uns also allein um die geplanten 15 Übernachtungsgäste. Es sind mal wieder sehr nette Leute. Sie setzen sich ganz ohne unser Zutun auf der Sonnenterrasse zusammen, das Wetter ist perfekt und die Stimmung ist gut. Adrian und ich freuen uns, die netten Leute zu bewirten, und bereiten das Abendessen vor.

Plötzlich kommt einer der Gäste und bittet uns, mit dem Fernglas raus zu kommen. Er meint, da sei jemand abgestürzt. Sofort holen wir das Fernglas und gehen auf die Terrasse. Tatsächlich, wir sehen eine Gruppe auf dem Weg am Wasserfall, und ein Mann liegt auf dem Boden. Wir beobachten die Szene. Der Mann versucht, sich aufzusetzen, aber es gelingt ihm nicht. Nach einigem Hin und Her beschließt Adrian, hochzulaufen und nachzusehen. Er packt sein Handy und eine Wärmedecke ein und sprintet los. Nach nur zehn Minuten ist er an der Unglücksstelle (jeder „normale" Wanderer hätte dafür mindestens 45 Minuten gebraucht). Ich sehe durch das Fernglas, wie er den Mann mit der Wärmefolie und Jacken zudeckt und den Umstehenden Anweisungen gibt. Diese stehen wie versteinert daneben, wahrscheinlich stehen sie unter Schock. Anscheinend handelt es sich um eine Gruppe mit zum Teil älteren Teilnehmern. Wir wissen nicht, woher sie kommen, und es ist schon nach 17 Uhr. Da bleibt wohl nichts anderes übrig, als die Bergrettung zu rufen.

Kurz darauf hören wir den Helikopter. Er umkreist das Gelände, und die Bergretter versuchen offenbar, die Situation einzuschätzen. Direkt an der Unglücksstelle kann der Heli nicht landen, dafür ist es zu steil. Also landet er unterhalb der Hütte. Zwei Bergretter werden nun punktgenau mit einem Seil an der Unglücksstelle herab gelassen. Sie klinken sich aus, untersuchen den Verunglückten und bergen ihn schließlich sicher in einer aufpumpbaren Liege. Dann klinken sie sich zusammen mit der Liege wieder an dem Seil ein und der Helikopter nimmt alle drei Personen auf. Er wird den Patienten auf direktem Weg in das Krankenhaus nach Lienz fliegen.

Adrian nimmt den Rucksack des Verunglückten und läuft zurück. Auch die Gruppe macht sich auf den Weg, wird jedoch etwas länger brauchen. An Abendessen war bisher nicht zu denken, alle Gäste sind draußen und haben gespannt die dramatische Rettungsaktion verfolgt. Jetzt endlich beginne ich damit, das Essen vorzubereiten, und alle Gäste haben Verständnis für die Verzögerung und wollen gerne helfen. Einer nimmt die zum Trocknen aufgehängte Wäsche ab, eine Holländerin bietet an, die anderen Gäste zu bedienen. Was für eine tolle Truppe! Adrian ist nun schon zurück, und so können wir das Abendessen mal wieder als eingespieltes Team vorbereiten und ausgeben.

Nun kommen auch die vier Wanderer von der Unglückstruppe. Sie wirken gefasst, sind aber nicht ganz bei sich. Natürlich nehmen wir sie auf und machen auch ihnen etwas zum Essen. Später ruft Adrian für sie im Krankenhaus an und erkundigt sich nach dem Verunglückten. Dem Freund geht es zum Glück wieder gut, er hat nur eine Platzwunde am Kopf und etliche Schürfwunden erlitten. Er ist auf einem Stein ausgerutscht und dann vier bis fünf Meter tief gestürzt. Vermutlich hat auch die Erschöpfung des 70-jährigen Mannes dazu beigetragen, dass er sich nicht halten konnte und so unglücklich gefallen ist. Er hatte Glück im Unglück, das hätte auch schlimmer ausgehen können. Vom Krankenhaus aus war er schon wieder in der Lage, Frau und Kinder in Holland zu benachrichtigen. So ist alles noch einmal gut ausgegangen, und alle konnten beruhigt schlafen gehen.

Donnerstag, 16. Juli 2015

Prinzessin auf der Erbse

Heute komme ich endlich dazu, die selbstaufblasbare Isomatte, die Günther für mich den Berg raufgeschleppt hat, in mein Bett einzubauen. Ich hatte ja schon vorher einige Optimierungsmaßnahmen an meinem Bett vorgenommen, aber jetzt ist es perfekt. Ich schlafe nun auf einem Sandwich aus Yogamatte, Günthers Isomatte, Matratze und zwei Alpenvereinsdecken. Darüber ist das Betttuch, darunter die nicht zu verachtende Federung des Hüttenbettes. Ich bin mal gespannt, wie ich heute Nacht schlafen werde. Das Bett ist jetzt jedenfalls so hoch wie das der Prinzessin auf der Erbse. Allerdings fehlt die Erbse – Gott sei Dank!

Am Morgen nach dem Frühstück verabschieden wir unsere Übernachtungsgäste, und alle zeigen sich sehr angetan von der Hütte, dem Essen, dem Service und natürlich von Adrian, der gestern bei der Bergrettung so einen souveränen Einsatz gezeigt hat. Wir freuen uns über den Dank und die

Komplimente. Das ist es doch letztendlich, was das Schöne an der Arbeit hier oben ausmacht.

Wir räumen auf und bewirten einen Gast, der einen kurzen Zwischenstopp bei uns einlegt, bevor er weiter zum Gipfel wandert. Der Tag plätschert so dahin, es ist nicht viel los, aber immer mal wieder kommt der ein oder andere Gast vorbei. Gegen 15 Uhr kommen zwei angemeldete Übernachtungsgäste, kurz danach noch ein dritter, nicht angemeldeter. Heute haben wir also einen kleinen Kreis. Wir kommen ins Plaudern, und es stellt sich heraus, dass einer der beiden ersten Gäste Arzt ist. Tatsächlich! Ich schildere ihm, was mit meinem Knöchel passiert ist, und er schaut ihn sich an. Er meint, so wie ich noch gehen und stehen könne, sei auf jeden Fall nichts gebrochen. Alles andere heile von allein. Also bin ich beruhigt und muss mir keine Sorgen machen.

Adrian und ich backen Brot, denn für morgen erwarten wir wieder mindestens 14 Gäste. Wir arbeiten in unserem eigenen Rhythmus, es funktioniert super, macht Spaß und wir haben gute Laune. Morgen werde ich zum ersten Mal Schweinebraten nach Chris' Rezept vorbereiten. Ich bin schon gespannt, ob und wie mir das gelingen wird.

Montag, 20. Juli 2015

Die Zeit vergeht wie im Flug

Heute ist schon der 20. Juli. Es kommt mir vor, als fliege die Zeit jetzt nur so dahin. In den letzten drei Tagen hatten wir wieder sehr nette Gäste, darunter sogar Leute aus San Francisco. Das finde ich faszinierend, dass jemand aus einer so tollen Gegend der Welt zu uns findet, um hier wandern zu gehen.

Gestern war eine Gruppe von vier Männern hier, alle weit über 60, die sich seit fast 20 Jahren einmal im Jahr eine Woche lang zum Wandern treffen. Sie haben so viel bestellt, dass man den Eindruck gewinnen musste, sie stünden kurz vor dem Verhungern und Verdursten. Jeder wollte der Erste sein, der bestellt, und alle schienen Sorge zu haben, dass sie nichts bekommen könnten. Tatsächlich haben die Herren schon am Mittag den Schweinebraten für abends bestellt, damit ihn bis dahin bloß niemand anderer wegschnappt. Das waren bestimmt alles ehemalige Unternehmer oder Manager, die gewohnt sind, dass immer jemand da ist, der sich um sie kümmert. Ich hatte schon befürchtet, dass es beim Abrechnen Schwierigkeiten geben könnte, aber im Gegenteil: Da waren die Herren ganz pragmatisch, haben einfach alles durch vier geteilt, ein großzügiges Trinkgeld gegeben und sich für die tolle Atmosphäre auf der Hütte bedankt. In den letzten Tagen habe ich öfters zu hören bekommen, dass die Stimmung bei uns besonders angenehm wäre, so familiär, freundlich und warmherzig, und dass auch das Essen für eine Berghütte ungewöhnlich gut wäre. Das freut uns natürlich sehr.

Dann kam noch eine junge Clique von neun Studenten, ohne Geld, aber sehr nett. Zuerst kamen zwei drahtige, durchtrainierte Jungs mit einem freundlichen Grinsen im Gesicht an, die offenbar ihrer Gruppe voraus gerannt waren. Ich war gerade alleine, als sie ankamen, und stand neben dem von Adrian gehackten Holz. Sofort haben die beiden angeboten, mir zu helfen und das Holz reinzutragen. Dann kamen auch die übrigen der Gruppe und sie haben gefragt, ob sie sich hier selbst versorgen und ihr mitgebrachtes Essen verzehren dürften. Ich habe ja schon erwähnt, dass wir das eigentlich nicht gerne sehen, weil wir eben von der Bewirtung leben. Aber bei diesen jungen Leuten ohne Geld ist uns der Balanceakt mit gegenseitigem Verständnis füreinander ganz gut gelungen, denke ich. Sie haben ein bisschen was konsumiert, dafür durften sie im Gegenzug ihre mitgebrachten Brotzeiten am Feuerplatz essen. Bevor sie sich wieder auf den Weg gemacht haben, haben sie sich explizit für unsere Gastfreundschaft bedankt.

In den letzten beiden Tagen bin ich morgens früh aufgestanden, um den Sonnenaufgang zu fotografieren. Gleichzeitig haben Adrian und ich in der Früh ein paar Yogaübungen absolviert. Das war toll, bei Sonnenaufgang vor diesem Panorama die außergewöhnliche Stimmung zu erleben.

Am Samstagnachmittag ist Adrian ins Tal gelaufen, um am Sonntag in Heiligenblut am Großglocknerlauf teilzunehmen. Die Strecke führt 13 Kilometer den Wanderweg zum Großglockner hinauf. Adrian hat ihn in 1.45 Stunde geschafft – das ist unglaublich. Er war unter den ersten 300 von knapp über 1.000 Teilnehmern, das ist schon eine ordentliche Leistung. Am Sonntag war er dann wieder zurück auf der Hütte, hat sich in die Küche gestellt und weiter gearbeitet, als wäre nichts gewesen.

Und nun ist schon wieder Montag, Chris ist auch zurück. Am Morgen backe ich Brot und bereite einen Kuchen vor. Chris hat seinen Schweinebraten in den Ofen geschoben, ein Chili gekocht, und bäckt nun gerade Zimtschnecken. Ich habe Mittagspause. Für heute haben sich 15 Gäste angemeldet, überwiegend Männergruppen und Familien. Ich helfe Chris heute in der Küche und werde daher nicht so viel Kontakt mit den Gästen haben.

Jetzt gehe ich erstmal einen Kaffee trinken und werde eine der köstlichen Zimtschnecken probieren. Die Hütte hat sich inzwischen gefüllt, anscheinend sind schon alle Gäste angekommen. Also an die Arbeit, ich werde berichten.

Dienstag, 21. Juli 2015

Erstmals „Full House"

In den vergangenen Tagen war richtig viel los bei uns. Die Saison ist in vollem Gange. Es treffen viele Tagesgäste ein, die ersten oft schon gegen 9 Uhr oder 9.30 Uhr. In der ersten Wochenhälfte kommen viele Wanderer, die den Wiener Höhenweg entlang gehen. Je nachdem, wo man beginnt, sind wir am Wiener Höhenweg die zweite oder dritte Hütte. Am Montag hatten wir 25 Gäste. Für heute sind 33 Gäste angemeldet, aber es scheinen deutlich mehr zu werden. Mittags kommen die ersten. Da wir inzwischen ja ganz routiniert sind, geraten wir nicht in Stress. Allerdings werden es immer mehr Gäste. Bald sind 35, dann 40 und kurz danach 45 Gäste im Haus, und Chris wird es etwas seltsam zumute. Denn noch sind nicht alle angemeldeten Gäste da. Die Hütte hat insgesamt 45 Schlafplätze, die müssen also reichen. Zuerst einmal kocht Chris Suppe für das Abendessen nach, damit wir nicht auf dem Trockenen sitzen. Da sehe ich eine Familie mit zwei Kindern den Berg hochkommen. Ich schaue auf unserer Gästeliste nach, aber da steht nichts von einer Familie. Die kommen tatsächlich ohne Reservierung. Ganz schön mutig, darauf zu vertrauen, dass die Hütte noch vier freie Schlafplätze hat. Als Schutzhütte müssen wir jeden aufnehmen, wir dürfen niemanden abweisen. Im Zweifelsfall wird es dann wohl eng, sehr eng.

Irgendwann sind tatsächlich 50 Leute da. Dann kommen noch zwei und dann nochmals zwei. Also haben wir jetzt 54 Gäste.

Ich übernehme den Service. Viele der Gäste sind zu zweit gekommen, und es fällt mir nicht ganz leicht, mir die Namen und Gesichter zu merken, aber es klappt alles. Die letzten beiden Gäste, die ankamen, waren ein Vater und sein Sohn aus Frankfurt. Die beiden hatten sich angemeldet, aber nun ist es bereits nach 18 Uhr und die Hütte zum Bersten voll. Der Mann ist fix und fertig – und ungehalten. Er ist mit seinem Sohn frühmorgens in Frankfurt losgefahren, dann – nach sieben Stunden Autofahrt – ungefähr vier Stunden gewandert, und der Weg war nicht leicht zu laufen. Sie sind über die Hohe Gradenscharte gewandert, die zu dieser Jahreszeit ohne Schnee ein steiles Geröllfeld ist. Der Mann wirkt nicht sonderlich sportlich, sondern eher gemütlich untersetzt, und hat den Weg offenbar unterschätzt. Zu guter Letzt ist er auch noch zwei Mal gestürzt. Was manche Leute sich vorstellen... sieben Stunden Autofahrt und dann im Schweinsgalopp durch hochalpines Gelände? Naja, ich versuche erst einmal, den Mann zu beruhigen. Anschließend muss ich ihm allerdings verklickern, dass er mit seinem Sohn im Zelt übernachten wird. Das ist unsere Notunterkunft, die wir jetzt benötigen, weil wir mit so vielen unangemeldeten Gästen komplett überbelegt sind. Der Mann ist nicht gerade begeistert, aber nach zwei Bier und einem herzhaften Chili con carne sieht die Welt, Gott sei Dank, schon besser aus. Chris hat zwei Luftbetten aufgepumpt und etliche Decken ins Zelt geschleppt. So können Vater und Sohn sowie die beiden anderen Gäste, die zuletzt ankamen, einigermaßen gemütlich im Zelt schlafen.

Mittwoch, 22. Juli 2015

Es läuft

Heute hat sich Chris mal wieder auf den Weg ins Tal gemacht. Er möchte in einem Nachbartal Zirben ernten gehen, um daraus wieder seinen feinen Schnaps zu brennen. Für die nächsten zwei Tage haben sich nicht so viele Leute angemeldet, so dass Adrian und ich gut allein zurechtkommen sollten. Im Laufe des Tages kommen allerdings viele Wanderer an, so dass keine Zeit bleibt, um gemütlich ein Stündchen im Liegestuhl zu chillen. Am Nachmittag trudeln nach und nach die Übernachtungsgäste ein. Wieder kommen einige unangemeldet, so dass wir statt 14 Personen 20 zu beherbergen haben. Aber das ist kein Problem, wir sind ja schon eingespielt.

Donnerstag, 23. Juli 2015

Bunte Mischung

Heute ist ein ganz gewöhnlicher Tag. Nicht zu viel los und auch nicht zu wenig, gerade richtig. Am Abend haben wir noch sieben Gäste im Haus, das ist richtig gemütlich, und es bleibt auch Zeit zum Plaudern. Mit 54 Gästen, wie vor ein paar Tagen, ist das nicht möglich. Unsere heutigen Gäste sind bunt gemischt. Ein Online Redakteur vom Deutschen Alpenverein in München ist zusammen mit seiner Frau da, einer Hydrologin, die sich mit Wasserströmen beschäftigt. Sie ist ganz fasziniert, als es am Abend plötzlich zu regnen anfängt. Da wird aus unserem kleinen Wasserfall innerhalb kürzester Zeit ein reißender Strom, und rechts und links bilden sich zehn neue kleine Wasserfälle. Das Wasser im See steigt und die Farbe verändert sich: In das Türkis des Sees mischen sich plötzlich braune Farbströme, die anzeigen, dass Steine, Erde und Geröll vom Berg in den See gespült werden. Sowohl der Redakteur als auch seine Frau sind zwar im Urlaub, aber wir hegen trotzdem die leise Hoffnung, dass unsere Hütte demnächst positiv auf der Internetseite des Deutschen Alpenvereins erwähnt wird.

Ein zweites Ehepaar ist angekommen. Der Mann ist Landschaftsfotograf und lässt uns seine Visitenkarte da. In einer ruhigen Minute schauen wir uns seine Bilder an, es sind fantastische Aufnahmen, überwiegend aus Österreich. Heute Morgen hat er den Sonnenaufgang fotografiert, und wir bitten ihn, uns davon doch ein paar Fotos zu schicken. Mal sehen, ob er daran denkt.

Freitag, 24. Juli 2015

Apfelstrudel, Topfenstrudel

Nach wie vor haben wir wunderbares Wetter. Morgens beeindrucken uns fulminante Sonnenaufgänge. Wenn ich rechtzeitig aus dem Bett komme, schaue ich mir dieses Spektakel natürlich an. Wenn ich beim Aufstehen richtig fit bin, mache ich dazu noch ein paar Yogaübungen. Meinem Fuß geht es jeden Tag ein bisschen besser.

Am Morgen verabschieden wir unsere Übernachtungsgäste nach dem Frühstück, und Adrian und ich erstellen eine neue To-Do-Liste. Wir wollen bzw. müssen die Fenster putzen, Kuchen backen und Holz hacken. Ich will schon lange mal einen Apfelstrudel backen und wage mich heute endlich daran. Chris bevorzugt Apfelkuchen oder Topfentorte, weil die nicht ganz so aufwändig in der Herstellung sind, aber da er noch nicht zurück ist, kann ich mich ja mal ausprobieren. Ich finde im Internet ein geeignetes Rezept und bereite ohne Probleme einen Teig zu, der sich auch ganz einfach dünn ausrollen lässt. Die Herausforderung liegt darin, mit dem Gasherd zu backen, denn eine genaue Temperatur kann man nicht einstellen, und er verfügt nur über Unterhitze. Der Apfelstrudel wird ein bisschen zu trocken und der Teig gerät einen Tick zu hart. Aber der Topfenstrudel, den ich mangels Äpfeln aus dem restlichen Teig zubereite, gelingt ausgezeichnet. Die Gäste freuen sich über beide Strudel, und sie gehen weg wie warme Semmeln.

Am Mittag gehe ich mal wieder eine Runde um den See. Das klingt einfach, aber der Balanceakt über das Geröllfeld erfordert einige Geschicklichkeit. Ich möchte ausprobieren, ob mein Fuß das schon wieder mitmacht, und es geht ganz gut. Nach dem Spaziergang kühle ich den Fuß im See, der nur acht Grad hat. Dem Fuß tut das gut, ich bekomme jedoch eine Gänsehaut.

Samstag, 25. Juli 2015

Die Hütte gehört uns

Das Wetter ändert sich. Seit heute Nachmittag regnet es immer mal wieder. Der Wasserfall hinter der Hütte auf dem Weg zum Keeskopf verwandelt sich in einen reißenden Strom. Die Temperatur ist auf 12 Grad gefallen, und ich hole meinen Schlafsack wieder hervor, den ich zwischenzeitlich zur Seite gelegt hatte. Für die nächsten drei Tage erwarten wir schlechtes Wetter. Es haben sich nur 10 bzw. 15 Gäste angemeldet, so dass Chris die Gelegenheit ergreift, mal wieder ins Tal zu gehen. Zum einen möchte er nochmal Zirben suchen gehen, denn beim letzten Mal hatte er nicht so viel Erfolg. Zum anderen will er Eierschwammerl sammeln, die wir dann nächste Woche hier zubereiten können. Ich hoffe, dass Adrian und ich ein wenig Gelegenheit zum Durchschnaufen haben werden, denn inzwischen machen sich die letzten Wochen mit Arbeitstagen von 6 bis 23 Uhr bemerkbar.

Chris hat mir angeboten, mal einen Tag frei zu nehmen. Das Angebot werde ich gerne annehmen, aber ich möchte es mir aufheben, um Luft zu haben, wenn mich wieder jemand besucht. Da lohnt es sich mehr. Denn allein eine Bergtour zu unternehmen, finde ich nicht so aufregend, und im Liegestuhl zu liegen, während die anderen beiden arbeiten, kann ich mir auch nicht vorstellen.

Gestern habe ich hier oben zum ersten Mal Geld ausgegeben. Ist das nicht unglaublich? Ich brauche hier keinen Cent.

Natürlich bezahle ich weiter die laufenden Kosten für mein Zuhause, aber aktiv gebe ich hier kein Geld aus. Ich gehe nicht shoppen und mache keinen Wocheneinkauf. Das alles brauche ich hier nicht und – es ist ja auch nicht möglich. Ich habe ein Dach über dem Kopf und genug zu essen. Und wundersamer Weise vermisse ich auch gar nichts. Chris hat gefragt, ob er am Dienstag etwas mitbringen soll, wenn er aus dem Tal zurückkommt. Aber mir fehlt nichts, also habe ich mir nur ein bisschen frisches Obst gewünscht.

Auch die Frage nach meiner beruflichen Zukunft ist noch weit weg. Ich stelle sie mir momentan nicht, und ich habe auch keine Angst, dass es nach meiner Rückkehr nicht irgendwie weitergehen wird. Wäre ich zuhause, wäre das vielleicht anders. Wahrscheinlich würde ich mich mehr sorgen. Aber hier oben wirkt alles so weit weg und unbedeutend. Ich lasse es auf mich zukommen, wie es in ein paar Wochen sein wird. Noch brauche ich den Abstand. Ich spüre, dass es richtig war, hierher zu kommen und mal etwas ganz anderes zu tun. Hier oben erlebe ich jeden Tag, dass es auch ohne das übliche „Höher, Schneller, Weiter" geht. Immerhin habe ich gestern mit Adrian einen kleinen Ausflug in die Konsumgesellschaft unternommen und mit ihm online Laufschuhe bestellt. Er brauchte neue Trail-Laufschuhe, und da habe ich mir gleich welche mitbestellt, denn diese sind hier oben besser geeignet als Wanderschuhe, und ich habe zu wenig Schuhe zum Wechseln mit. Geliefert werden die Schuhe zum Bauern in Putschall im Tal, und der nächste, der von dort hier herauf wandern wird, darf sie uns mitbringen.

Manchmal überlege ich auch, wohin ich nach meinem Hüttenaufenthalt in den Urlaub fahren könnte. Aber irgendwie zieht es mich momentan nirgends hin. Früher wären mir als erstes ein paar entspannte Wellnesstage in einem netten Hotel, eine Motorradtour oder ein Segeltörn eingefallen. Aber auf nichts davon habe ich Lust. Also warte ich ab, die Zeit wird mir schon die Richtung weisen.

Jetzt freue ich mich erst einmal auf die nächsten Besucher. Alex und Emma mit Dirk und Fabio haben sich angekündigt, wenn auch erst in zwei Wochen. Der Schweinebraten, den Emma sich gewünscht hat, ist bestellt, wird am Tag ihrer Ankunft eingelegt und dann zubereitet. Ich hoffe, dass wir bis dahin wieder schöneres Wetter haben, damit die vier hier eine schöne Zeit verbringen und tolle Wanderungen unternehmen können. Und dann wollen im August auch bald meine Schwestern Moni und Christine mit ihren Familien kommen. Wahrscheinlich wird die Zeit hier oben vorbei sein, ehe ich mich versehe.

Sonntag, 26. Juli 2015

Ein angeblich ruhiger Sonntag

Wir gehen davon aus, dass heute nicht allzu viel los sein wird. Die Wettervorhersage ist nicht besonders gut, und es haben sich auch nur 15 Gäste angemeldet.

Wir fangen also gemütlich an, das Frühstück vorzubereiten – und geraten plötzlich in Stress. Der Grund: Das Wasser in der Kaffeemaschine läuft aus, alles ist nass. Wir können den Grund nicht herausfinden und geben nach zwei Versuchen auf, denn die ersten Gäste stehen bereits vor der Tür, obwohl es erst kurz vor sieben ist. Dann gibt es heute eben keinen Kaffee, sondern nur Tee. Adrian bietet an, in der Handmaschine einen Espresso zu kochen. Das nehmen die Kaffeetrinker unter den Gästen gerne an. Am Ende machen sie sich noch einen Spaß daraus und meinen, es sei gar nicht so schlimm, dass die Kaffeemaschine ausgefallen sei, im Gegenteil: Der selbst gekochte Espresso schmeckt natürlich viel besser als der Kaffee aus dem Automaten.

Kaum sind die letzten Übernachtungsgäste aus dem Haus, steht schon der erste Wanderer in der Stube. Und dann noch einer. Und noch einer. Bis in den Nachmittag hinein kommen immer mehr Tagesgäste.

Ich habe einen Schweinebraten in den Ofen geschoben, Weinkraut und Kartoffeln vorbereitet und eine Topfentorte – bei uns würde man „Käsekuchen" sagen – gebacken. Adrian kümmert sich um die Gäste und versorgt sie mit Speis und Trank.

Bereits mittags kommen die ersten Übernachtungsgäste. Sie verbringen den Tag in unserer Stube, denn draußen ist es zu ungemütlich, um auf der Terrasse zu sitzen. Zum Wandern ist es aber herrlich: etwas durchwachsen, aber ohne Regen, wenig Wind und nicht zu kalt.

In den letzten drei Tagen habe ich hauptsächlich in der Küche gearbeitet, wo ich natürlich nicht so viel Kontakt mit den Gästen habe. Da fehlt mir dann etwas. Sobald Chris zurück ist, werde ich mal wieder den Service übernehmen. Mir gefällt sowohl das Kochen als auch das Bedienen, aber ich brauche die Abwechslung.

Heute Morgen habe ich es mal wieder geschafft, rechtzeitig aufzustehen, um den Sonnenaufgang zu beobachten. Er ist wirklich jedes Mal aufs Neue wieder unglaublich faszinierend. In der Mittagspause gehe ich raus, balanciere über die Steine und schlage den Weg Richtung Gradenscharte ein. Sie ist so hoch und wirkt so mächtig. Leider kann ich nur bis zum Fuß der Gradenscharte laufen, für mehr reicht die Zeit nicht. Ich muss umkehren. Aber ich freue mich sehr, dass mein Fuß hält und auch den Balanceakt über die Steine gut mitmacht.

Am Abend kommen 13 Gäste. Zum Abendessen servieren wir ihnen eine Suppe als Vorspeise und Schweinsbraten oder Chili con carne als Hauptgericht. Der einzigen Vegetarierin in der Gruppe habe ich Kässpatzn zubereitet. Mittlerweile klappt so etwas wie am Schnürchen. Adrian und ich managen alles ohne jeden Stress oder Nervosität.

Am Abend läuten die Gäste die Bettruhe schon vor 22 Uhr ein, so dass wir kurze Zeit später mit unserer Arbeit fertig sind und ich noch die Zeit finde, ein paar Gedanken aufzuschreiben. Dann schließe auch ich den Tag ab und gehe ins Bett – in der Hoffnung, dass es morgen etwas ruhiger wird. Irgendwie brauche ich mal eine Pause...

Topfentorte (Käsekuchen) mit Mürbteig

Für den Boden:

300 g	Mehl
200 g	Butter (kalt)
100 g	Zucker
1	Ei (nach Belieben)

Für die Topfenmasse:

500 g	Topfen
500 g	Quark
5	Eier
100 g	Butter
250 g	Zucker
50 g	Mehl oder Grieß
abger. Zitronenschale	
100 ml	Milch oder Sahne

Nach Belieben: Mandarinen aus der Dose oder Blaubeeren (frisch oder gefroren).

Aus Mehl, Butter (in dünne Scheiben geschnitten) und Zucker und ggf. dem Ei zügig einen Mürbteig kneten. Kaltstellen.

Eier, Butter und Zucker zu einer Schaummasse schlagen. Topfen und Quark dazugeben und gut verrühren. Abgeriebene Zitronenschale sowie Mehl oder Grieß dazugeben. Falls die Masse zu fest ist, etwas mehr Milch oder flüssige Sahne dazu geben. Sie soll zähfließend, aber nicht flüssig sein.

Mürbteig ausrollen, Boden der Springform bedecken und mit einer Gabel mehrfach einstechen. Rand erstellen und leicht andrücken.

Quarkmasse einfüllen und gleichmäßig verteilen.

Nach Belieben nun entweder abgetropfte Mandarinen aus der Dose oder gewaschene Blaubeeren (alternativ gefrorene Blaubeeren) auf die Quarkmasse geben.

Bei 175 Grad Umluft/200 Grad Ober-/Unterhitze 60 Minuten backen.

Montag, 27. Juli 2015

Ein angeblich ruhiger Montag

Für heute sind nur zwei Gruppen angemeldet, eine Sechser- und eine Dreiergruppe. Das Wetter ist nicht besonders einladend: regnerisch und neblig. Da Chris gesagt hat, dass wir ruhig längere Pausen machen sollen, wenn nichts los ist, tun wir das, als alle aus dem Haus sind und wir die Hütte in Ordnung gebracht haben. Wir backen noch ein Brot und bereiten Essen für neun Personen vor, das ist inzwischen gar kein Problem mehr. Um 10 Uhr geht Adrian los zum Laufen. Er will einen Rundweg von 6 km und 500 Höhenmeter laufen. Während er unterwegs ist, nutze ich die Zeit und führe ein paar Telefonate. Nach eineinviertel Stunden ist Adrian zurück und mit ihm kommen die ersten Gäste. Da habe ich noch nicht einmal alle Telefonate erledigt, die ich führen wollte. Wegen des Wetters haben sich viele Wanderer heute schon früh auf den Weg gemacht. Bei uns kehren sie entweder ein, um eine kurze Mittagspause zu machen, oder sie bleiben gleich zum Übernachten da.

Aus den angemeldeten neun Gästen werden am Ende 24. Das beweist mal wieder, dass Planung hier einfach nicht möglich ist. Zum Glück hat Chris einen großen Topf Chili vorgekocht, so dass wir alle Besucher gut versorgen können. Wir bekommen mal wieder sehr positives Feedback, alle Gäste sind sehr zufrieden mit dem Essen und loben unsere Gastlichkeit. Darüber freuen wir uns natürlich.

Nachdem wir morgen über 30 Gäste erwarten, backe ich am Abend nochmal Brot. Vor dem Schlafengehen bade ich – inzwischen mein allabendliches Ritual – meine Füße in kaltem Leitungswasser. Zu Hause ist das Wasser kalt, hier oben auf der Hütte ist es eisig. Aber man gewöhnt sich daran, und meinem Knöchel tut die Kälte gut.

Morgen kommt Chris zurück. Er hat bereits angekündigt, dass er etliche Eierschwammerl und Pilze gefunden hat, die wir den Gästen dann zubereiten können. Da bin ich ja mal gespannt.

Donnerstag, 30. Juli 2015

Eine Hütte ohne Strom

In den letzten Tagen lief hier oben alles reibungslos. Wir hatten zahlreiche Gäste, das Übliche. Essen kochen, Brot backen, Zimmer und Lager aufräumen, Hütte herrichten – es klappt alles problemlos.

Seit Dienstag haben wir schlechtes Wetter. Es regnet, ist neblig, und es hat sich deutlich abgekühlt. Wir versuchen, Strom zu sparen, aber es hilft nichts: Am Morgen leuchtet die rote Warnlampe, und die Batterien haben nicht mehr genug Kraft, um die Kaffeemaschine zu starten. Die meisten Glühbirnen sind zum Glück LED-Leuchten, so dass wir zumindest in der Küche und in der Stube das Licht am Abend anlassen können. In den Lagern schalten wir das Licht ab, und den großen Kühlschrank stellen wir auf Gas um. Herd und

Ofen werden ohnehin mit Gas bzw. Holz betrieben. Essen kochen ist also auch ohne Strom kein Problem.

Momentan haben wir bemerkenswert viele Gäste aus Berlin. Gestern hatten wir 35 Gäste, darunter eine Gruppe von drei Männern sowie eine Dreiergruppe aus zwei Frauen und einem Mann, alle aus Berlin. Die zwei Frauen und ihr Begleiter waren um die 60, schätze ich, und hatten etwas Schrullig-Liebenswertes an sich. Sie erzählten, dass sie schon seit 30 Jahren zusammen wandern und dass sie sich noch aus Zeiten einer ehemaligen Berliner WG kennen. Witzig, wie sich solche Freundschaften und Beziehungen über die Jahrzehnte erhalten. Man merkte am Umgang der drei miteinander, wie gut sie sich kennen. Da bestellt der eine schon mal für den anderen mit, auch wenn der noch nicht da ist.

Die Dreier-Männer-Gruppe war auch interessant. Der eine war Zahnarzt, der andere Unternehmer, der mit Leder und Möbeln handelt, und der dritte hat nicht viel von sich preisgegeben. Drei ganz unterschiedliche Typen, die doch immer wieder zusammenfinden. Der Unternehmer erzählt, dass er in vier Jahren 60 wird und dann auch einmal etwas ganz anderes machen möchte. Der Zahnarzt hat das Gefühl, in einem Hamsterrad gefangen zu sein, und findet die Idee, zur Abwechslung mal auf einer Hütte zu arbeiten, verlockend.

Einige der Gäste entscheiden sich aufgrund des Wetters, nicht weiterzugehen, und bleiben einen Tag länger bei uns als geplant. Das ist schön, denn so kommt man mit den Leuten mehrfach ins Gespräch und lernt sie besser kennen.

Am Abend kommt eine holländische Gruppe an. Es sind zwei Familien mit insgesamt fünf Kindern im Alter zwischen drei und acht. Im strömenden Regen sind sie hier herauf gewandert. Die Dreijährige wurde in der Kraxe getragen, alle anderen sind gelaufen – und zwar den Höhenwanderweg entlang, der bekanntlich nicht gerade anspruchslos ist. Unglaublich! Und diese holländischen Männer... Die sehen wirklich oft verdammt gut aus: groß, sportlich, attraktiv. Doch sie sind alle in festen Händen und außerdem viel zu jung.

Chris ist heute wieder ins Tal gegangen. Morgen erwarten wir eine weitere Lieferung mit dem Heli, da wir nicht mehr genügend Holz haben. Chris hat sich mit der Nachbarhütte zusammen getan, so können die Kosten für den Hubschrauberflug geteilt werden. Der Heli wird dann Müll und leere Gasflaschen mit zurück ins Tal nehmen, so dass wir im Keller wieder etwas mehr Platz haben werden.

Am Samstag wollen mich Alex und Dirk mit Emma besuchen. Darauf freue ich mich schon sehr, und ich hoffe, dass dann nicht allzu viel los sein wird, damit ich auch genügend Zeit für die drei habe. Ich lasse es mal auf mich zukommen.

Freitag, 31. Juli 2015

Bücher frei Haus

Heute kommt der erwartete Helikopter und bringt uns Holz für die restliche Saison. Er bringt aber auch noch etwas anderes. Erstens: meine bestellten Turnschuhe. Sie wurden zum Bauern in Putschall, unserem Talort, geliefert. Dort hat Chris sie gestern abgeholt. Und da im Hubschrauber noch ein wenig Platz war, hat er die Gelegenheit genutzt, noch ein paar andere Dinge mit heraufschicken zu lassen – unter anderem meine Schuhe. Per teurem Helikopterflug transportiert, haben sie nun also einen ganz besonders hohen Wert.

Zweitens bringt der Hubschrauber eine ganz spezielle Kiste. Tatsächlich: Die Antiquare, die vor einigen Wochen hier waren, haben Wort gehalten und uns Bücher geschickt. Sie waren ja der Meinung, auf eine Hütte gehörten unbedingt Bücher. Bernhard aus Traunstein, der die Bücherlieferung organisierte, hat sich sogar die Mühe gemacht, jedes einzelne Buch mit einem Label zu versehen, so dass nun jeder, der sich ein Buch ausleiht, weiß, woher es kommt. Alle Bücher haben in irgendeiner Form mit den Themen Berge und Wandern zu tun oder gehören zur klassischen Literatur. Wahnsinn, solche Gäste! Das ist doch wirklich toll. Unsere Besucher werden sich freuen, dass es hier nun etwas zum Schmökern gibt.

Samstag, 01. August 2015

Besuch für mich

Was für ein schöner Morgen! Die Sonne scheint und produziert wieder genug Strom für unsere Grundversorgung. Die rote Alarmleuchte ist erloschen. Für die Waschmaschine reicht es allerdings noch nicht ganz.

Der Blick ins Tal ist voller Wolken, doch wir hier oben in den Bergen liegen in der Sonne. Der Ausblick ist grandios.

Gestern waren rund 45 Gäste bei uns im Haus. Die meisten hatten sich angemeldet, viele kamen auch spontan. Darunter waren zur Abwechslung auch mal vier Frauengruppen – sehr nett, teilweise aber auch etwas kompliziert, muss ich zugeben.

Der einen war das Chili zu scharf, der anderen der Schweinebraten zu fett, die dritte hätte gern etwas Vegetarisches gehabt – „Habt Ihr nicht einfach einen Salat?" –, die vierte wünschte sich mehr Auswahl. Im Tal mögen solche Ansprüche gerechtfertigt sein, doch hier oben in 2.500 Metern Höhe ohne Seilbahn lässt sich logistisch eben nicht alles machen.

Für heute und morgen erwarten wir erneut etliche Gäste, so dass wir am Vormittag wieder fleißig vorkochen und backen, das Badefass einheizen und die Hütte vorbereiten.

Tagesgäste erwarten wir eher wenige, da es im Tal so wolkig ist. Es bleibt aber trocken, so dass der ein oder andere Wanderer doch den Weg zu uns findet. Ich bin natürlich schon gespannt, wann Alex, Dirk und mein Patenkind Emma heute auftauchen. Zu rechnen ist mit ihnen frühestens um 14 Uhr, spätestens um 18 Uhr. Immer wieder gehe ich vor die Tür und halte voller Vorfreude Ausschau. Endlich, gegen 17 Uhr, sehe ich sie. Emma läuft voran. Behände wie eine Gazelle läuft sie den Berg hoch. Da macht sich das Fußballtraining beim 1. FC Nürnberg bemerkbar. Wie schon Günther vor einigen Wochen, so wirkt auch Dirk aus der Entfernung schwer bepackt. Nicht nur sein Rucksack scheint ziemlich schwer zu wiegen, er trägt auch links und rechts voll bepackte Einkaufstüten aus dem Supermarkt. Hat er die etwa zweieinhalb Stunden lang den Berg rauf getragen? Ja tatsächlich, das hat er.

Was für eine Wiedersehensfreude! Nachdem die drei oben sind und wir uns herzlich umarmt und begrüßt haben, öffnet Dirk sofort seine Taschen und Tüten und zaubert unter anderem Obst und Milchschokolade sowie eine Flasche Prosecco hervor. Was für ein Luxus!

Da es schon fast 18 Uhr ist, beginnen wir gleich mit dem Essen. Wie von Emma bestellt, gibt es bereits heute den Schweinebraten mit Semmelknödeln und Kraut. Ich übernehme den Service, und da nur rund 25 Leute da sind, ist das überschaubar. So kann ich mich schon bald mit einem Glas Wein zu meinen Freunden setzen. Wie schön! Übrigens haben auch Chris und Adrian heute Besuch. Bei Adrian sind zwei Freundinnen zu Besuch, bei Chris zwei Freunde aus Kitzbühel. Wir versuchen, uns so abzuwechseln, dass jeder Zeit für seine Freunde hat, und das klappt gut. Wir verbringen alle einen sehr schönen Abend.

Sonntag, 02. August 2015

Spielenachmittag

Die ganze Nacht durch hat es geregnet, und leider bleibt das heute auch den ganzen Tag über so. Deshalb kommen überhaupt keine Tagesgäste zu uns auf die Hütte. Das hat allerdings den angenehmen Nebeneffekt, dass wir den Nachmittag nach getaner Arbeit mit unseren Freunden verbringen können. Wir haben es sehr gemütlich, reden, spielen „Activity" und „Stadt, Land Fluss". Später trudeln nach und nach unsere Übernachtungsgäste ein und wir müssen das Abendessen vorbereiten. Emma hilft mir dabei, einen Kaiserschmarrn zuzubereiten.

Die angekommenen Gäste sind mal wieder sehr unterschiedlich und interessant. Da ist eine Clique netter und unkomplizierter junger Leute, und auch mit einigen anderen Gästen komme ich ins Gespräch. So vergeht der Tag wie im Fluge, und abends falle ich müde, aber sehr zufrieden ins Bett.

Donnerstag, 06. August 2015

Die Hütte ist voll

Die letzten Tage waren ziemlich anstrengend. An zwei Tagen in Folge war unsere Hütte komplett ausgebucht, und gleichzeitig hatten wir noch viele Tagesgäste hier. Da kam ich kaum zum Durchatmen. So viele Gäste bedeutet: Morgens um 5.30 Uhr muss das Frühstück vorbereitet werden, danach müssen wir die Hütte aufräumen. Anschließend müssen wir bei so vielen Gästen täglich Brot und Kuchen backen und ausreichend Essen – Schweinebraten, Chili, Weinkraut usw. – vorbereiten. Und es gibt unendlich viel zu spülen, alles von Hand. Der nächste Besucher darf mir sehr gerne eine gute Handcreme mitbringen.

Wenn so viele Gäste da sind, bleibt kaum Zeit für Gespräche. Das finde ich schade. Vor allem, wenn ich in der Küche bin, komme ich kaum mit den Gästen in Kontakt. Dann sehe ich am Morgen beim Servieren des Frühstücks Gesichter, die ich am Vorabend gar nicht wahrgenommen habe. Merkwürdig, aber so ist das nun mal. Chris, Adrian und ich wechseln uns ab und so hat jeder die Gelegenheit, mal bei den Gästen zu sein oder sich mal hinter dem Geschirrberg in der Küche zu vergraben.

Als Ausgleich gibt es auch Tage wie heute. Heute Morgen durfte ich ausschlafen, da Chris und Adrian die Frühschicht übernommen haben. Ich bin erst um kurz nach sieben aufgestanden und habe mir erstmal draußen ein Frühstück gegönnt. Dann haben wir gemeinsam die Hütte in Ordnung gebracht, und nachdem noch keine Gäste da waren, konnten wir uns eine halbe Stunde in die Sonne legen und die angenehme Wärme genießen. Im Tal schwitzen die Leute gerade bei fast 40 Grad. Hier oben haben wir angenehme 20 Grad. Bei Windstille wird es dann auch hier sehr warm, aber nicht heiß und vor allem niemals schwül.

Am Nachmittag ist ebenfalls nicht sehr viel los, so dass wir uns die Arbeit gut einteilen können. Mittags mache ich Pause, gehe nach draußen, genieße die Sonne und mache ein paar Übungen. Meine neuen Schuhe sind gekommen, die muss ich natürlich testen. Die Marke kenne ich bisher nicht, die Schuhe sehen sehr spacig aus und haben guten Gripp.

Am Nachmittag kommt Adrians Familie: seine Mutter, sein Bruder und seine Tante. Sie haben sich Zeit für den Aufstieg gelassen und sind den Tag entspannt angegangen. Adrians

Bruder hat einen Rucksack voller Obst auf den Berg geschleppt. Wir sind also wieder mit Vitaminen versorgt. Adrians Familie bleibt ein paar Tage, das ist schön.

Ich erwarte auch wieder Besuch: meine Schwestern Moni und Christine mit ihren Familien. Sie wollen übermorgen kommen, und ich freue mich schon sehr darauf. Ich hoffe, die Kinder haben Spaß an der Wanderung und freuen sich an der schönen Umgebung. Sie werden alle zusammen in einem Lager übernachten, das wird bestimmt lustig.

Samstag, 08. August 2015

Familienbesuch

Wir merken, dass nun Hauptsaison ist. Fast jeden Tag ist viel los, und es kommen sowohl viele Übernachtungsgäste als auch Tagesbesucher, letztere vor allem bei schönem Wetter. Wir haben jetzt jeden Abend um die 30 bis 40 Gäste im Haus, und unsere Essensvorräte werden zunehmend weniger. Manche Dinge, wie zum Beispiel das alkoholfreie Weizen, Marmelade und Honig sind verbraucht. Zum Glück kommen immer mal wieder Bekannte aus dem Tal zu uns hoch, die etwas mitbringen können, oder Chris besorgt die Dinge bei seinem wöchentlichen Talgang.

An diesem Wochenende erwarte ich endlich zwei meiner Schwestern mit ihren Männern und Kindern. Bevor sie aufgebrochen sind, haben wir über die beste Anfahrt gesprochen – nicht über Großglockner, sondern über Lienz, Aufstieg über den Seenplattenweg (ist schöner und kürzer, aber etwas steiler als der Alternativweg). Ich habe ihnen geraten, einen Hüttenschlafsack und leichte Schuhe für hier oben einzupacken. Geplant war, dass sie zuhause gegen 6 Uhr morgens losfahren, so dass sie gegen 12 bis 13 Uhr am Parkplatz Putschall sein sollten. Ich habe ihnen empfohlen, langsam und gemütlich zu gehen und die schöne Landschaft zu genießen. Allerdings zog leider am Nachmittag Nebel auf. Das konnte ich von der Hütte aus gut sehen. Zwischendurch war es wieder klar, dann wieder Nebel, dann Regen. Oh je.

Plötzlich kommt ein Gast in die Stube und meint, draußen würde jemand „Hallo, hallo" rufen. Er vermutet, dass sich jemand verlaufen hat. Das kann doch nur meine Familie sein, denke ich mir. Ich gehe also raus und rufe zurück: „Hallo!" Und plötzlich tauchen aus dem Nebel meine Nichte Antonia und mein Neffe Paul auf. Hurra! Sie strahlen und sind froh, den Aufstieg geschafft zu haben. Die beiden waren die schnellsten. Etwas später sehe ich auch Rita mit Lisa, eine Freundin meiner Schwester Moni mit ihrer Tochter, und meinen Schwager Tom. Nach und nach trudeln alle ein. Sie sind ganz schön geschafft nach der ungewohnten Anstrengung. Gleichzeitig sind sie aber auch stolz und froh, es geschafft zu haben. Und ich bin auch froh, dass sie alle hier sind. Als letzte kommen meine Schwester Christine und mein Schwager Peter. Peter hat einen riesigen Rucksack von 25 Kilo den Berg hinauf geschleppt, der Arme. Zuerst will er mich gar nicht begrüßen, und meine Nichte Louisa warnt mich schon mal, dass ich mir was anhören könne. Aber als Peter eine Minute später durchgeatmet hat, drückt er mich doch fest wie immer.

Der Regen hat alle erwischt, und wir sehen zu, dass sie aus ihren feuchten Kleidern kommen. Alle zusammen sollen im Zehnerlager übernachten, das ich ihnen kurz zeige. Dann muss ich in die Küche, denn es ist schon kurz vor 18 Uhr und die Hütte ist fast voll. Da will schnell das Essen vorbereitet werden.

Die Gäste lassen es sich schmecken, wir unterhalten uns, und es wird ein schöner Abend – allerdings nicht allzu lang, denn es war ein anstrengender Tag und alle sind müde. Als meine Familie schon ins Lager gegangen ist, rechne ich noch die anderen Gäste ab und bereite das Frühstück vor. Dann gehe auch ich ins Bett.

Sonntag, 09. August 2015

Ein Tag mit der Familie

Am nächsten Morgen frühstücke ich gemeinsam mit meiner Familie und erzähle ein bisschen über den Hüttenalltag. Die Kinder erkunden die Hütte und die Umgebung. Antonia hilft mir dabei, die Lager herzurichten, die Decken zusammenzulegen und die Laken glattzuziehen.

Rita lässt sich noch einen Kaiserschmarrn schmecken und macht sich dann gemeinsam mit ihrer Tochter schon wieder auf den Weg ins Tal, denn sie muss noch heute wieder zurück fahren. Peter und Tom entscheiden, dass sie mit ihren Familien noch bis Montag bleiben. Ich bin froh darüber, denn der Aufwand, hierher zu kommen, ist doch nicht unerheblich. Wenn man an einem Tag kommt und am nächsten schon wieder aufbrechen muss, ist es mehr Stress als Erholung.

So aber haben wir heute den ganzen Tag zum Erkunden, Entspannen und Erholen. Tom fährt mit Paul und Luis auf dem See mit einem der beiden Kanus, die ebenfalls von

Bergans gesponsert sind. Ganz wohl ist mir nicht dabei, denn das Wasser ist eiskalt und der See 40 Meter tief. Aber Tom meistert das souverän, und die Kinder haben Spaß. Anschließend sucht Luis Murmeltiere und schaut sich die Schafe an. Zum Glück kommt gerade Toni, dem eine der Schafherden gehört, des Wegs daher, um nach seinen Tieren zu schauen. Er ruft die Schafe, die ganz weit oben auf dem Berg weiden, herunter. Und dann darf Luis die Schafe mit Salz füttern. Da ist er glückselig. Paul und Lars bequatschen Matthias, Adrians Bruder, mit ihnen Bogenschießen zu gehen. Matthias lässt sich erweichen und zieht mit den beiden Kindern davon, die sich sichtlich freuen.

Später lassen sich die Kinder Kaiserschmarrn und Kakao schmecken, meine Schwestern bevorzugen die Topfentorte. Tom genießt ein Weizen, und Peter bleibt standhaft dem Wasser treu. Er liegt im Liegestuhl und passt auf, dass Conny, die Hündin, keinen Unsinn macht. Am Vormittag hat sie nämlich mal kurz die Schafe vertrieben... Ich habe den Eindruck, dass sich alle von der gestrigen Anstrengung erholen und entspannen.

Am Abend gibt es für die Erwachsenen Schweinebraten und für die Kinder die von meinem Neffen Lars bestellten Schnitzel – ein absolutes Novum auf der Hütte! Es ist das allererste Mal, dass es auf unserer Hütte Schnitzel gibt. Christian hat sie extra mitgebracht, als er vor zwei Tagen im Tal war. Die Kinder freuen sich und lassen es sich schmecken. Und dann neigt sich dieser schöne Tag mit der Familie auch schon wieder seinem Ende zu. Wie schade. Aber schön, dass alle da waren.

Montag, 10. August 2015

Abschied

Am Montagmorgen frühstücken wir noch alle zusammen, dann wird gepackt, und um kurz nach neun macht sich die Familienkarawane wieder an den Abstieg ins Tal. Der Abschied fällt mir schwer, mir kam die Zeit viel zu kurz vor. Trotzdem bin ich froh und dankbar, dass meine Familie mich besucht hat und einen Eindruck von meinem Leben hier oben gewinnen konnte. Ich bin stolz auf sie und fühle mich geehrt, dass sie den Aufwand nicht gescheut und sich der Anstrengung ausgesetzt haben, hier herauf zu kommen. Und ich hoffe sehr, dass es ihnen ebenso gut gefallen hat wie mir. Das Bild der heimwärts ziehenden Karawane hat sich auf ewig in mein Gedächtnis eingeprägt.

Freitag, 14. August 2015

Prozessoptimierung im Hüttenbetrieb

Adrian, Chris und ich sind ja inzwischen längst ein eingespieltes Team. Deshalb nehmen wir uns nun vor, die Prozesse hier oben weiter zu optimieren. Das haben wir auch in den vergangenen Wochen schon getan, denn wir hatten so viele Gäste, dass es uns wichtig erschien, die Prozesse so gut wie möglich zu gestalten und abzustimmen.

Dass fängt schon damit an, dass es unumgänglich ist, allen Gästen die gleichen Informationen zum Ablauf des Hüttenalltags zu geben. Und wir brauchen eine einheitliche Übersicht darüber, was die Gäste konsumieren. Bisher haben wir uns alles auf den im Gastbetrieb üblichen Blöcken notiert. Dadurch, dass wir dieses Jahr so viele Gäste haben, ist es ganz schön unübersichtlich geworden. Je nachdem, wer gerade aufschreibt, sieht das Notierte ganz unterschiedlich aus. Der eine rechnet anders ab als der andere, und manchmal können wir die Notizen nicht nachvollziehen. Gleichzeitig besteht die Gefahr, dass etwas vergessen oder übersehen wird.

Also setzen wir uns an den Computer und kreieren eine Excel-Tabelle, die eine einheitliche Struktur vorgibt und alles beinhaltet. So kann jeder von uns dreien anhand der Liste mit dem Gast die einzelnen Punkte wie Übernachtung, Abendessen, Frühstück usw. durchgehen. Für die Abrechnung haben wir so automatisch eine einheitliche und nachvollziehbare Übersicht.

Im zweiten Schritt entwickeln wir eine Tabelle, die eine Gesamtübersicht der Gäste mit dem jeweils von ihnen gewählten Essen zeigt. Das erleichtert uns den Überblick beim Servieren des Essens und liefert der Küche gleichzeitig einen guten Überblick über die Speisen, die vorzubereiten sind.

Nächste Überlegung: Je besser sortiert das Geschirr nach dem Abräumen der Tische in die Küche kommt, desto einfacher ist der Abwasch. Je strukturierter abgespült wird, desto einfacher und schneller geht das Aufräumen des Geschirrs vonstatten. Prozessoptimierung ist hier also durchaus eine lohnende Sache, auch in der Küche.

Natürlich geschieht das Ganze nicht uneigennützig. Wegen der vielen Gäste sind wir an manchen Tagen momentan von 5.30 Uhr in der Früh bis Mitternacht auf den Beinen. Wenn wir zu zweit sind, weil Chris im Tal ist, gibt es so gut wie keine Pausen. Deshalb ist es wahnsinnig viel wert, wenn wir irgendwo fünf Minuten einsparen, in denen wir bei einem kurzen Kaffee einmal durchatmen können. Das ist nur möglich, wenn wir uns optimal organisieren. Da Adrian und ich die Arbeit in Küche und Service nie gelernt haben, gehen uns manche Dinge nicht so leicht von der Hand wie Chris. An manchen Stellen fehlt einfach die Routine. Aber es wird von Tag zu Tag besser, und vor allem: Es macht Spaß.

Montag, 17. August 2015

Aus einem freien Tag werden drei

Von einem Tag auf den nächsten ist plötzlich nicht mehr so viel los. Die Wettervorhersage ist ungünstig, was sich sofort auf die Zahl unserer Gäste auswirkt.

Bereits am Samstag hat Chris Adrian und mich angesichts des angekündigten Wetters gefragt, ob wir nicht mal auf die Lienzer Hütte gehen wollen. Ich wusste erst gar nicht, was er damit meinte. Sollten wir dort etwas abholen oder hinbringen? Aber Chris sagte, wir hätten uns einen freien Tag verdient, und da doch gerade nicht viel los sei, könnten wir vielleicht auf die Lienzer Hütte wandern, dort übernachten und am nächsten Tag zurückkommen. Das haben wir uns natürlich nicht zwei Mal sagen lassen! Schneller, als ich schauen konnte, hatte Adrian seine Sachen gepackt. Und auch ich packe meinen Rucksack, und dann geht es auch schon los.

Wir können unser Glück gar nicht fassen. Chris hat uns sogar noch Taschengeld mitgegeben, das wir auf der Lienzer Hütte verprassen dürfen. Und das schlecht vorhergesagte Wetter ist so schlecht gar nicht. Es ist zwar recht kühl, aber trocken – eigentlich ein ideales Wanderwetter. Wir gehen bergan Richtung Keeskopf. Dort hat Adrian einen wunderschönen See entdeckt, den er mir zeigen möchte. Er ist einfach traumhaft schön, dieser See auf dieser Höhe inmitten der Berge. Dann trauen wir uns, eine der so genannten Weißwandspitzen zu besteigen. Ich klettere allerdings nicht ganz bis zum Gipfel hoch, auf den letzten Metern ist mir die Kraxelei doch nicht ganz geheuer.

Über die kleine Gradenscharte steigen wir ab in Richtung Lienzer Hütte. Wir genießen die wunderbare Landschaft und freuen uns über das Wetter, das uns trotz vieler Wolken eine klare Sicht und kein Tröpfchen Regen beschert.

Und dann passiert es. Ein loser Stein rutscht unter meinem Fuß weg. Ich verliere die Balance, kann mich gerade noch halten, aber mein Knie und der linke Knöchel bekommen einen heftigen Schlag ab. Dummerweise ist es der gleiche Knöchel, den ich mir letztes Jahr beim Motorradfahren angeknackst habe. Adrian ist sofort zur Stelle, streckt mein Bein und sagt mir, ich solle tief durchatmen. „Ich helfe Dir beim Aufstehen, und dann gehen wir gleich weiter." Ich denke, dass das nicht funktionieren wird, weiß aber gleichzeitig, dass es wohl das Beste ist. Mit Adrians Hilfe komme ich wieder auf die Füße, und wir gehen ganz langsam weiter. Bis zur Hütte müssen wir noch rund 500 Höhenmeter überwinden. Mein Bein fühlt sich sehr instabil an, aber mit Adrians Hilfe geht es voran, Schritt für Schritt. Ich weiß nicht, wie lange wir im Schneckentempo unterwegs sind, aber als wir auf der Lienzer Hütte eintreffen, ist es bereits kurz vor 19 Uhr. Berni, die Hüttenwirtin, begrüßt uns sehr herzlich.

Wir genießen die wohlige Wärme auf der gemütlichen Hütte. Plötzlich betritt ein Gast den Raum, den ich kenne. Vor zwei Tage war er bei uns auf der Hütte. Und ich erinnere mich daran, dass er Arzt ist. Was für ein Zufall! Ich weiß aber nicht mehr, was für ein Arzt er ist, und möchte ihn auch nicht einfach so auf meinen Knöchel ansprechen. Er setzt sich zu uns, wir essen gemeinsam zu Abend und fangen an, uns sehr nett zu unterhalten. Als sich herausstellt, dass der Mann Orthopäde ist, wage ich es dann doch, ihn zu fragen, ob er sich meinen Knöchel mal ansehen könnte. Das tut er gern – so ein Glück. Er tastet den Knöchel ab, zieht und drückt. Dann meint er, ich hätte eine ziemlich heftige Zerrung und Prellung, aber gebrochen sei nichts. Na immerhin, das beruhigt mich.

Adrian und ich wollen am nächsten Morgen zurück zu unserer Hütte laufen. Leider zeigt sich noch am Abend, dass mein Knöchel und Knie so instabil sind, dass an einen Aufstieg am nächsten Tag nicht zu denken ist. Was tun? Wir rufen am nächsten Morgen Chris an und vereinbaren mit ihm, dass wir noch einen Tag länger auf der Lienzer Hütte bleiben werden. Leider geht es mir auch am nächsten Tag nicht besser, und ich habe Sorge, dass vielleicht doch etwas gebrochen sein könnte. Deshalb nehme ich das Angebot von Bernis Mann Georg an, mit ihm zusammen mit dem Auto ins Tal zu fahren. Im Gegensatz zu unserer Hütte kann die Lienzer Hütte mit dem Auto angefahren werden.

Georg setzt mich im Tal ab, und ich fahre mit dem Bus zum Krankenhaus in Lienz. Dort werden Knöchel und Knie geröntgt, und die beiden zuständigen Ärzte untersuchen alles ganz genau. Dann bestätigen sie mir, was schon der Arzt auf der Hütte gesagt hat: Es ist nichts gebrochen, aber der Knöchel ist stark geprellt und das Knie gezerrt. Sie empfehlen mir ein paar Tage Ruhe und sagen, dass in zwei bis drei Wochen alles wieder in Ordnung sein sollte. Momentan kann ich mir das nicht vorstellen, ich kann das Bein kaum belasten und humpele durch die Gegend. Ich weiß auch nicht, wie es jetzt weitergehen soll – ich werde ja auf der Hütte gebraucht.

Zum Glück ist für Dienstag ein weiterer Helikopterflug geplant, so dass ich dann gemeinsam mit Chris auf die Hütte fliegen kann. Heute werde ich den Fuß möglichst schonen und hoffe, dass es dann morgen schon etwas besser sein wird.

Dummerweise habe ich weder einen Ausweis noch weiteres Bargeld dabei, da ich auf unsere Bergwanderung möglichst wenig Gepäck mitschleppen wollte. Adrian hatte aber zum Glück alles dabei und hat mir seine Bankkarte geliehen, damit ich zumindest eine Übernachtung im Hotel und ggf. die Behandlung im Krankenhaus zahlen kann.

Ich humpele also in die Stadt. Dort gehe ich zuerst in ein Sportgeschäft und kaufe mir neue Wäsche und ein T-Shirt. Ich habe ja nicht genug dabei, weil ich nur mit einer Übernachtung auf der Lienzer Hütte gerechnet habe. Dann suche ich mir ein kleines Hotel mitten am zentralen Platz, und freue mich auf eine Dusche. Als ich allerdings feststelle, dass mein kleines Einzelzimmer über ein Bad mit Badewanne verfügt, genehmige ich mir statt der Dusche ein Bad, was natürlich der absolute Luxus ist. Herrlich!

Anschließend humpele ich ein bisschen durch die Stadt und gönne mir ein Eis. Am Hauptplatz hält gerade ein Ranger einen Vortrag über den Nationalpark Hohe Tauern. Ich höre zu und lerne so noch etwas über diese schöne Gegend hier.

Chris und Kati sind auch im Tal, um den Hubschrauberflug für morgen vorzubereiten. Wir treffen uns in der Stadt und gehen gemeinsam etwas trinken. Mir kommt es nach fast zwei Monaten auf der Hütte ganz unwirklich vor, plötzlich wieder in der Stadt zu sein. So viele Menschen, so viel Trubel – daran muss ich mich erst wieder gewöhnen. Und Lienz ist ja nicht gerade eine Großstadt.

Dienstag, 18. August 2015

Ein Tag in Lienz

Am nächsten Morgen genieße ich in meinem kleinen Hotel ein ganz hervorragendes Frühstück. Es gibt frische Früchte und Joghurt – Köstlichkeiten, die ich in den letzten Wochen nur sehr eingeschränkt genießen konnte. Beim Frühstück kommt mir die Idee, dass ich versuchen könnte, kurzfristig noch einen Termin bei einem Physiotherapeuten zu bekommen, bevor ich gegen 13 Uhr wieder Richtung Hütte aufbreche. Ich frage an der Hotelrezeption nach, und siehe da: Das Hotel beschäftigt eine mobile Masseurin, die auf Abruf Gäste betreut. Ich habe Glück und bekomme noch einen Termin, bevor ich wieder los muss. Vorher ziehe ich noch kurz los und besorge frische Brötchen und Cashewnüsse für Adrian, damit auch er etwas von meinem ungeplanten Besuch im Tal hat.

Nachdem die Therapeutin meinen Fuß und mein Bein massiert hat, fühle ich mich schon etwas besser. Kurz danach holt Chris mich am Hotel ab und wir fahren gemeinsam zum Parkplatz in Putschall. Dort warten wir auf den Heli, der uns zurück auf die Hütte bringen wird und gleichzeitig für ordentlichen Biernachschub sorgt.

So ein Heli-Flug durch die Berge ist schon spektakulär. Zum ersten Mal sehe ich die komplette Strecke vom Tal bis zu unserer Hütte. Bei meiner Ankunft im Juni war es ja schon Abend bzw. Nacht und entsprechend dunkel.

Freitag, 21. August 2015

Zurück auf der Hütte

Nun bin ich also nach meinem kurzen Ausflug wieder zurück auf der Hütte. In den letzten drei Tagen habe ich gemerkt, dass das Arbeiten in und um die Hütte mit meinem nicht belastbaren Bein ziemlich anstrengend für mich ist, aber es ist machbar und wird von Tag zu Tag besser. Leider bin ich nun an die Küche gebunden, denn die Arbeit im Service wäre für meinen Fuß eine viel zu große Belastung. Wir sind noch in der Hochsaison, und es ist nach wie vor viel los. Besonders freuen wir uns darüber, dass nun auch vermehrt und zum Teil wiederholt einheimische Gäste aus dem Tal zu uns kommen.

Obwohl es fast noch Mitte August ist, werden die Nächte schon merklich kühler. Vor einer Woche konnten wir von hier oben wunderbar Sternschnuppen beobachten – ein faszinierendes Schauspiel. Jetzt wischen wir morgens schon Eis von den nassen Tischen auf der Terrasse. Der Wechsel der Jahreszeiten verläuft hier ziemlich schnell. Im Juni, als ich hier ankam, war es fast noch Winter. Drei Wochen lang hatten wir nun „Sommer", und jetzt ist der Herbst schon da.

Die Zelte bauen wir nun ab, da es inzwischen zu kalt ist, um draußen zu schlafen. Das Wetter hat wieder gedreht, es ist bewölkt, neblig und regnerisch. Das soll sich zwar bis zur Wochenmitte wieder ändern, aber die Nächte werden kalt bleiben. Ich merke das auch selbst: In meinem Zimmer ist es nachts wieder so kalt wie zu Beginn. Der Wind pfeift durch die

Ritzen, ich friere und brauche zusätzlich zu meiner Bettdecke auch wieder meinen Schlafsack.

So langsam neigt sich meine Zeit auf der Hütte bereits dem Ende zu. Chris wird die Hütte vermutlich am 16. September schließen. Auch unsere Lebensmittel gehen langsam zur Neige. Wir haben kein helles Weizen und kein Müsli mehr. Schweinebraten können wir noch zwei Mal zubereiten, dann fehlen uns auch dafür die Zutaten. Die Saftvorräte werden immer weniger, die Lebensmittelregale, die Tiefkühltruhe und die diversen, im Haus verteilten Depots leeren sich. Unglaublich, wie schnell die Zeit verfliegt.

In den nächsten Tagen müssen wir aber nochmal Vollgas geben. Etliche Gäste haben gebucht, und sobald das Wetter wieder schöner wird, werden auch erneut viele Tagesgäste aus dem Tal kommen. Übrigens war diese Woche „Frankenwoche" bei uns: Wir hatten drei Familien aus Franken zu Gast. Natürlich habe ich sie sofort am Dialekt erkannt. Eine Familie kam aus Bad Staffelstein, ein Paar aus Erlangen, und die dritte Familie kam aus Nürnberg. Der Mann arbeitet in Fürth, und es gab natürlich ein großes Hallo, als ich erzählte, dass ich in Fürth wohne. Ja, klein ist die Welt, manchmal sogar in den Bergen.

Sonntag, 23. August 2015

Krise # 3

In diesem Sommer ist das Wetter so schön, dass es insgesamt sehr viele Besucher auf unsere Hütte lockt. Auch aus dem Tal kommen viele Gäste, denn dort hat Chris sich mit seiner Hütte einen guten Namen gemacht.

Nach zweieinhalb Monaten hier oben, an denen ich sieben Tage die Woche etwa 16 bis 18 Stunden täglich arbeite, macht sich die Belastung allmählich bemerkbar. Hinzu kommt, dass ich durch meine Knöchelprellung immer noch in meiner Beweglichkeit eingeschränkt bin. Nun tauchen wieder häufiger Zweifel auf und ich frage mich, ob es nach meiner Knöchelverletzung richtig war, wieder mit auf die Hütte zu gehen. Es ist der Heilung sicher nicht förderlich, so viel zu arbeiten. Aber Abbrechen und Aufgeben ist auch keine Option.

Das Highlight der Woche war, dass Dirk und Alex mich nochmal besucht haben. Sie kamen am Freitagabend an, und wie schon beim letzten Mal, brachte Dirk auch diesmal wieder viele Sachen mit, über die Adrian und ich uns sehr gefreut haben, vor allem über das Obst und die Schokolade.

Bei herrlichem Wetter hatten wir in den letzten Tagen viele Gäste. Das war natürlich toll, aber leider hatte ich deshalb nicht so viel Zeit für Dirk und Alex. Immerhin konnte ich mir ab und zu die Zeit nehmen, mit ihnen zu frühstücken und auch zwischendurch mal ein paar Minuten bei ihnen zu sitzen. Und ich glaube, die beiden haben ihre Zeit auf der Hütte auch sehr genossen. Dirk hat einen Cache vorbereitet, den wir hier legen wollen. Alex und er haben sich viele Gedanken gemacht und alles vorbereitet. Chris fand die Idee super und erklärte sich gleich bereit, den Cache zu warten.

Mit einem Satz löst Chris bei mir „Krise Nr. 3" aus. Er sagt: „Es ist ja kein Wunder, dass wir keine Zeit zum Hinsetzen haben, wir arbeiten ja auch viel zu langsam." Paff. Nach dem gefühlten Rund-um-die-Uhr-Einsatz seit so vielen Wochen möchte man einen solchen Satz natürlich nicht hören. Mich trifft er außerdem zum denkbar ungünstigsten Zeitpunkt, denn ich komme mir mit meiner eingeschränkten Fußtauglichkeit ja ohnehin schon zu langsam vor. Den ganzen Abend und die ganze Nacht geht mir dieser Satz im Kopf herum. Vielleicht war es wirklich keine gute Idee, mit dem geschwollenen Fuß wieder auf die Hütte zu gehen und weiterzuarbeiten.

Ich denke, dass ich viel gebe und viel arbeite und dass wir hier oben keinen schlechten Job machen. Aber ich merke auch, dass die Sieben-Tage-Woche an meinen Kräften zehrt und meine Haut dünn wird. Nur deshalb kann mich ein Satz wie der von Chris, den er so leicht dahin gesagt hat, so tief treffen. In gewisser Weise hat er natürlich auch Recht. Adrian und ich sind nicht so routiniert, und insbesondere beim Kochen brauchen wir mehr Zeit als Chris, der das mit links macht und alle Abläufe aus dem Effeff kennt. Wir sind in den letzten

Wochen schneller und besser geworden, aber perfekt ist es noch nicht.

Am nächsten Morgen spreche ich mit Chris, weil ich die Sache aus dem Weg schaffen will. Wir klären die Lage, und danach ist es auch wieder gut. Meine Krisenstimmung ebbt ab.

Als Alex und Dirk wieder abreisen, gebe ich ihnen schon mal meine Fotoausrüstung mit. In wenigen Wochen werde ja auch ich mich an den Abstieg machen, und ich muss zusehen, dass ich dann meine Siebensachen wieder vom Berg ins Tal schaffe.

Dienstag, 25. August 2015

Fridolin oder wie man mit Manner Mäuse fängt

Seit ein paar Tagen haben wir einen Untermieter. Wir nennen ihn Fridolin. Er versteckt sich irgendwo in der Küche hinter dem Herd, und wir bekommen ihn nur selten zu sehen. Wir wissen aber sehr genau, dass er da ist. Die Mausefalle ignoriert er, er scheint nicht dumm zu sein. Eine Maus im Haus? In der Küche? Ja, wir sind hier nun mal mitten in der Natur. Viel zu fressen finden die Tiere in der kargen Landschaft nicht, da ist es nur allzu verständlich, dass sie eine gefüllte Küche recht attraktiv finden.

Da wir natürlich gewappnet sind, hatten wir bisher kein Problem mit Mäusen. Aber Fridolin ist offenbar schlauer als die anderen. Mittlerweile hat er schon keine Scheu mehr, gemütlich durch die Küche zu laufen, er lässt sich richtig Zeit dabei. Als an einem Tag ein Gast in der Tür steht, bemerkt er den kleinen Besucher und weist uns auf die Maus hin. Aber wir erwidern nur: „Ja, das ist Fridolin."

Natürlich wollen wir den ungebetenen Gast loswerden, aber das ist gar nicht so einfach. Wie gesagt, offenbar hat er bereits verstanden, dass ihm der Speck in der Mausefalle nicht gut bekommen wird. Adrian macht sich also auf die Suche nach einer anderen Lösung. Er sucht Informationen zusammen und entwirft eine eigene Mausefalle. Aus Holz baut er eine kleine, von zwei Seiten begehbare Rampe. Sie führt in einen Eimer. Die Rampe belegt Adrian mit Krümeln von Manner, diesen köstlichen, mit Schokocreme gefüllten Waffelschnitten. (Adrian trennt sich nur schwer von dieser – wie mir scheint – österreichischen Nationalspeise.) Auch in den Eimer legt er einen Festschmaus aus Manner und Schokolade. Ich frage ihn, ob das Fridolins Henkersmahlzeit sein soll. Aber Adrian hat bisher nur daran gedacht, Fridolin mit den Leckereien anzulocken und dazu zu bewegen, in den Eimer zu fallen. Da ihm die Rampe zu steil erscheint, tauscht er den großen Eimer gegen einen etwas kleineren aus. Jetzt ist alles bereit für die Mäusejagd.

Ich bitte Adrian, am nächsten Morgen als Erster in die Küche zu gehen. Eine lebendige Maus im Eimer, und das vor dem Frühstück, wäre mir dann doch zu viel des Guten. Außerdem stellt sich die Frage, wohin wir die Maus schaffen sollen, wenn wir sie gefangen haben. So gewieft wie Fridolin ist, würde er den Weg zurückfinden, wenn wir ihn irgendwo aussetzen. Nun gut, darüber machen wir uns Gedanken, wenn es so weit ist. Jetzt müssen wir ihn erstmal fangen.

Mittwoch, 26. August 2015

Aus die Maus

Als ich am nächsten Morgen in die Küche komme, ist die Falle bereits abgebaut. Ich frage Adrian, ob es geklappt hat, Fridolin zu fangen. Er verneint, sagt aber, dass das Manner auf beiden Seiten der Rampe verschwunden gewesen sei. Ein Vorher-Nachher-Fotovergleich – ja, daran haben wir gedacht – beweist außerdem, dass Fridolin auch im Eimer war und sich dort gütlich getan hat. Anscheinend ist er aus dem Eimer aber wieder heraus gekommen. Hätten wir doch den größeren Eimer stehen lassen sollen.

Wir können es kaum fassen und wissen nicht, ob wir uns ärgern, Fridolin bewundern oder uns kaputt lachen sollen. Sicherheitshalber prüft Adrian noch, ob der Speck noch in der Mausefalle liegt oder ob es Fridolin auch da gelungen ist, ihn sich zu schnappen, ohne erwischt zu werden. Aber ach, der arme Fridolin steckt tatsächlich in der Falle. Anscheinend hatte er nach all den Süßigkeiten noch Appetit auf etwas Deftiges. Das ist ihm leider zum Verhängnis geworden. So ein Pech! Unsere Rechnung ist also aufgegangen, was uns einerseits natürlich freut. Andererseits sind wir aber auch ein bisschen traurig, dass Fridolin nun nicht mehr da ist. Er war so ein pfiffiges Tierchen.

Donnerstag, 27. August 2015

Gummihandschuhrallye

Was für ein herrlicher Morgen! Die Sonne scheint, der Himmel ist blau, und es ist schon in der Früh relativ warm. Der Sommer ist noch einmal zurückgekommen und soll der Vorhersage zufolge mindestens bis zum Wochenende bleiben.

Leider haben wir nach den wolkenverhangenen letzten Tagen mal wieder keinen Strom. Als wir gestern das Frühstück vorbereiteten, fiel der Strom plötzlich aus. Das war ziemlich fatal, denn die Hütte war voll und wir hatten zahlreiche Frühstücke vorzubereiten. Von zuhause kennt man das ja nicht. Da fällt zwar auch mal der Strom aus, aber in der Regel lässt er sich doch nach fünf Minuten wieder einschalten. Hier mussten wir nun also für 40 Gäste Brot, Käse, Wurst und Schinken mit der alten Handbrotmaschine schneiden. 40 Personen, das bedeutet: 80 Scheiben Brot, 160 Scheiben Käse, 240 Scheiben Wurst. Bis die alle geschnitten sind, dauert es schon etwas. Zum Glück gibt es aber einige Gäste, die nur ein süßes Frühstück mit Honig und Marmelade wünschen.

Übrigens haben wir aktuell wieder zunehmend Männer-Wandergruppen als Gäste. Es scheint so, als seien die Familien mit ihren Urlauben durch, und jetzt kämen wieder mehr Männer, die zusammen wandern. Gestern Abend habe ich mich mit einem Gast, einem Staatsanwalt aus der Nähe von Marburg, etwas länger unterhalten. Er meinte, für seine Frau sei das nichts, tagelang verschwitzt und ohne Dusche durch die Berge laufen. Da mag er wohl Recht haben.

Heute läuft Adrian gleich nach dem Frühstück zum Parkplatz in Putschall hinunter, um eine Flasche mit Kohlensäure-Gas zu holen. Uns geht nämlich nicht nur das Bier so langsam aus, sondern auch die Kohlensäure. Gestern hat Chris im Tal zwei neue Flaschen besorgt, von denen Adrian eben eine heute abholt. Die andere bringt Chris morgen mit.

Nachdem alle aus dem Haus sind, ziehe ich mir schicke grüne Gummihandschuhe an und beginne, den Vorraum und die Toiletten zu putzen. Danach wechsle ich in der Küche auf die gelben Spülhandschuhe und mache den Abwasch. Dabei versuche ich, mich an unsere Vereinbarungen zur Optimierung des Spülprozesses zu halten, und räume alle Tassen ordentlich Henkel über Henkel ins Regal ein. Wir feilen bis ins letzte Detail.

Danach geht es ans Brotbacken. Dazu schlüpfen meine Hände nun in weiße Medizinerhandschuhe, um den Teig vorzubereiten und zu kneten. Das ist heute eine echte Gummihandschuhrallye! Bis Adrian zurück ist, habe ich viel geschafft.

Angesichts des schönen Wetters, das noch einmal zurückgekehrt ist, kommen plötzlich wieder viele Leute auf die Idee, uns einen Besuch abzustatten. Eigentlich haben wir nur mit maximal 20 Gästen gerechnet, nun haben wir bereits fast doppelt so viele. Adrian und ich geraten kurz ins Rotieren und fragen uns, ob wir überhaupt noch genug Essen für alle haben. Wir müssen uns auf jeden Fall gut organisieren, damit das Abendessen gesichert ist.

Wir machen eine kurze Pause, halten inne und besprechen, wie wir alles machen wollen. Danach wissen wir, dass wir uns keine Sorgen machen müssen und alle versorgt sind.

Für heute hat sich überraschend meine „Skifahrfreundin" Margit angekündigt, die spontan mit ihrer Freundin Jutta vorbei kommen möchte. Die beiden haben sich am Vormittag auf den Weg gemacht und treffen kurz nach Mittag ein. Leider haben wir nicht sehr viel Zeit zum Reden, weil ich viel zu tun habe, aber die beiden genießen die Umgebung und entspannen nach dem Aufstieg. Und wieder einmal dürfen Adrian und ich uns wie an Weihnachten freuen, denn auch Margit und Jutta haben einen Rucksack mitgebracht, aus dem wir nun die feinsten Mitbringsel auspacken: Obst, Schokolade und sonstige Naschereien. Außerdem hat Margit mir eine Salbe und Arnica-Globuli für meinen lädierten Knöchel mitgebracht, die ihr ihre Schwester, eine Apothekerin, empfohlen hat. Wie wunderbar!

Freitag, 28. August 2015

Sternschnuppen-Kino

Etwas ganz Besonderes zu dieser Zeit im August sind die Nächte. Hier oben in den Bergen fühle ich mich den Sternen so nah wie nie zuvor. Adrian geht es genauso. Einmal spätabends nach der Arbeit haben wir uns in die Liegestühle vor der Hütte gesetzt und den Sternschnuppen zugeschaut. Das ist wie im Kino, man sitzt einfach da und sieht eine Sternschnuppe nach der anderen. In einer halben Stunde sehe ich mehr Sternschnuppen als in meinem ganzen vorherigen Leben zusammen. So viele Wünsche habe ich doch gar nicht!

Einer unserer Gäste macht grandiose Fotos von diesem Naturschauspiel, dem Sternenhimmel im August. Auf den Bildern kann man sogar die Milchstraße erkennen.

Momentan sind die Tage schön und auch die Nächte wieder relativ warm. Ich friere jedenfalls zurzeit nicht– vielleicht habe ich mich auch nur schon an das Klima hier oben gewöhnt. Jedenfalls beschließen Adrian und ich, zur Abwechslung mal draußen zu schlafen. Adrian legt Matratzen raus. Bei meinem unfreiwilligen Talgang vor kurzem habe ich mir für diese schon länger geplante Aktion in Lienz einen zusätzlichen, richtig dicken Schlafsack gekauft. Nachdem ich in der ersten Nacht aufgebe, weil es mir doch wieder zu kühl wird, setze ich in der zweiten Nacht meinen alten und meinen neuen Schlafsack ein, und damit geht es. Es ist sogar ganz wunderbar. Als wir am Abend mit Chris zusammen am Lagerfeuer sitzen und uns ein Feierabendbier genehmigen, beschließt er, sich uns anzuschließen und seinen Schlafplatz auch nach draußen zu verlegen. Er bereut es nicht. Wir haben fast Vollmond, der hell herunter scheint, und einen unfassbar schönen Sternenhimmel. Und dann der Sonnenaufgang am Morgen – traumhaft. Dass man erst so alt werden muss, um so etwas zu erleben...

Samstag, 29. August 2015

Gitarre bei Vollmond

Am Wochenende bekomme ich wieder Besuch: Moni und Jochen. Jochen ist ganz schön k.o., als er ankommt, denn er hat einen halben Obst- und Gemüseladen den Berg hoch geschleppt. Wie viele Kilos das wohl waren? Ich muss schon sagen, ohne die vielen Carepakete meiner Freunde und Familie wäre es hier oben sehr viel schwerer und karger zu überstehen. Aber so lässt es sich gut aushalten.

Auch Adrians Freund Florian kommt uns besuchen. So sitzen wir am späten Abend nach getaner Arbeit zu fünft draußen. Flo spielt Gitarre und singt dazu, mit einer wirklich tollen Stimme. Wir genießen den Abend und den Sternenhimmel, und so beschließen auch Moni und Jochen, heute draußen zu übernachten. Es ist Vollmond. Adrian meint, er wolle auf den Keeskopf steigen und dort auf 3.000 Metern Höhe schlafen und den Sonnenaufgang sehen. Ich halte das für keine gute Idee. Aber Adrian schleicht sich einfach davon.

Als er am nächsten Tag wiederkommt, gibt er zu, sich heimlich davon gestohlen zu haben, damit ich ihn nicht von seinem Vorhaben abbringe. Zum Glück hat alles geklappt, und er ist gesund und munter zum Frühstück wieder da. Es war schon verrückt, als ich da im Morgengrauen ein Licht den Berg hinunterlaufen sah. Adrian geht ja nicht, er joggt! Florian ist ihm um kurz vor fünf entgegen gelaufen und hat auch mal eben als kleinen Morgenlauf den Keeskopf-Anstieg gewählt.

Später hilft mir Moni in der Küche beim Abwasch, so dass wir uns dabei ein bisschen unterhalten können. Den Tag über ist die Hütte wieder gut besucht, aber wir finden trotzdem immer mal wieder ein wenig Zeit füreinander, und ich freue mich, dass Moni und Jochen da sind. Morgen machen sie sich wieder an den Abstieg.

So genießen wir noch den Abend zusammen. Chris brät Steaks für uns. Auch Katharina ist da, und so sitzen wir alle bei unserem Gourmet-Essen zusammen und lassen es uns gut gehen. Diesmal essen wir nicht in der Stube, sondern stellen uns ganz pragmatisch einen Biertisch in die Küche. Das Essen schmeckt ausgezeichnet, und wir zelebrieren es richtig. Ein weiterer schöner Abend, nach dem alle zufrieden ins Bett fallen.

Dienstag, 01. September 2015

Endspurt

Heute ist schon der erste September. Ich kann es gar nicht fassen. Mir bleiben nur noch ein paar Tage auf der Hütte. Am Wochenende wollen mich noch ein paar Freundinnen besuchen, und es ist geplant, dass wir dann zusammen absteigen und ich anschließend nach Hause fahre. Adrian und Chris werden die letzten zehn Tage alleine bestreiten, bevor die Hütte am 16. September geschlossen wird.

Mir kommt das alles unwirklich vor. Nur noch fünf Tage? Ich bin hin- und hergerissen. Einerseits ist die Arbeit hier durchaus anstrengend und ich empfinde es als sehr intensiv, rund um die Uhr präsent sein zu müssen. Und natürlich freue ich mich sehr, meine Familie und meine Freunde wiederzusehen. Auf der anderen Seite macht diese ganz andere Art der Arbeit aber auch viel Spaß. Ich genieße die

Begegnungen mit den Menschen, die hier herkommen, und die Landschaft ist so unglaublich schön. Der Abschied wird mir nicht leicht fallen.

Heute sind Adrian und ich wieder allein auf der Hütte, und es läuft alles wie am Schnürchen, obwohl viel los ist. Wir haben Spaß und herrlichstes Wetter. Heute Nacht allerdings soll das Wetter umschlagen. Wir sehen schon das Wetterleuchten und merken, dass Gewitter im Anmarsch sind. Die jetzt noch sommerlichen Temperaturen werden bis zum Wochenende auf den Gefrierpunkt sinken. Das wird mir den Abschied möglicherweise etwas leichter machen.

Donnerstag, 03. September 2015

Ein ziemlich abruptes Saison-Ende

Das Wetter wird zunehmend schlechter, und die Temperaturen sinken täglich. Vor wenigen Tagen hatten wir noch 20 Grad und mehr, jetzt liegen die Werte nur noch im einstelligen Bereich. Immerhin haben wir morgens noch gute Sicht. Über und unter uns ist alles wolkenverhangen, bei uns ist es klar und trocken. Nachmittags zieht allerdings meist Nebel auf, es beginnt zu regnen und es weht ein eisiger Wind.

Einige unverwüstliche Gäste kommen trotzdem. Für das Wochenende haben allerdings viele abgesagt – leider auch meine Freundinnen, mit denen ich eigentlich zusammen nach unten wandern wollte. Ich kann sie verstehen: Es hat wenig

Sinn, bei Regen, Kälte und schlechter Sicht in alpinem Gebiet herumzulaufen. Doppelt schade ist, dass, wie ich erfahre, noch vier weitere Überraschungsgäste mir am Wochenende einen spontanen Besuch abstatten wollten: meine Schwester Lydia mit ihrer Freundin Martina und meine Freundin Michaela, ebenfalls mit einer Begleiterin. Sie alle wollten mich am letzten Wochenende nochmal besuchen. Das wäre so toll gewesen. Nun klappt es leider nicht, so sehr ich das auch bedauere.

Meine Freundin Gaby hat angeboten, mich am Sonntag in Putschall abzuholen. Dafür bin ich sehr dankbar. Adrian wiederum hat angeboten, mich beim Abstieg zu begleiten und mir beim Tragen meines Rucksacks zu helfen. Daraufhin entscheidet Chris spontan, dass Adrian auch unten bleiben und nach Hause gehen darf. Die Saison ist zu Ende. Chris meint, dass er die wenigen Gäste, die jetzt vielleicht noch kommen, sowie die angekündigte Schulklasse in der vorletzten Septemberwoche gut alleine übernehmen kann. Sollte es anfangen zu schneien, erübrigt sich auch das. Dann wird die Hütte zugesperrt.

Adrian fragt mich, was ich als erstes tun werde, wenn ich nach Hause komme. Meine spontane Antwort: duschen! Ja, ich werde es genießen und es sehr viel mehr als früher schätzen, jederzeit warmes Wasser zur Verfügung zu haben und eine Dusche nehmen zu können. Ich freue mich auch sehr aufs Ausschlafen. Das ist nicht nur ein Luxus, sondern nach den drei Monaten hier oben auch dringend nötig.

Und dann werde ich mich nach einigen Tagen oder Wochen hinsetzen und Resümee über meine Zeit auf der Hütte ziehen. Ich kann jetzt schon sagen, dass es auf jeden Fall eine spannende, interessante und intensive Zeit war. Es war anstrengend und hat Spaß gemacht. Und, wie immer, waren es die Menschen, die es ausgemacht haben: Chris und Adrian, mit denen ich so eng und intensiv zusammen gearbeitet habe; Katharina, die ich kennenlernen durfte und die mich oft unterstützt hat; die unterschiedlichen Gäste von nah und fern, mit denen ich ins Gespräch gekommen bin. Nicht zuletzt habe ich sehr viel über mich selbst gelernt, neue Erfahrungen gemacht, und sehe jetzt manche Dinge klarer und komprimierter.

Freitag, 04. September 2015

Noch zwei Tage

Heute Nacht hat es geschneit, die Bergspitzen sehen wie überzuckert aus. Es ist kalt, aber schön. Wir haben sechs Gäste im Haus, die sich gerade schon wieder bereit machen weiterzuziehen. Ein Paar aus Regensburg möchte den Höhenweg bis zur Elberfelder Hütte gehen. Drei schon etwas ältere Herren – ich schätze, sie sind um die 70 – entscheiden sich für den Abstieg. Einer von ihnen ist gestern gestürzt, und sie wollen angesichts des Wetters, das sich im Laufe des Tages noch verschlechtern kann, nichts riskieren. Mit Regen und eventuell noch mehr Schnee ist zu rechnen, auch wenn es jetzt, am Morgen, noch sehr sonnig ist.

Adrian und ich bereiten die Hütte auf den Winterschlaf vor. Die Biertische und -bänke müssen abgebaut und verstaut werden, wir klappen die Liegestühle ein und räumen sie auf. Schritt für Schritt arbeiten wir so vor uns hin, als plötzlich am Mittag ganz unerwartet Tagesgäste eintrudeln. Damit haben wir bei der Wettervorhersage nun wirklich nicht gerechnet. Es sind Holländer. Sie essen und trinken etwas und ziehen dann weiter.

Angemeldet haben sich sechs bis acht Gäste, ich gehe jedoch davon aus, dass sie nicht kommen werden. Am späten Nachmittag ist immer noch keiner zu sehen. So räumen wir also weiter auf, auch unsere Zimmer, und fangen an, unsere Sachen einzupacken. Adrian hat noch immer nicht ganz verdaut, dass auch seine Zeit hier oben nun so plötzlich enden wird. Es ist jedoch auch ein schönes Gefühl für uns beide, dass wir gemeinsam den Abschluss finden werden. Ich für meinen Teil bin auch froh darüber, dass ich das Saisonende noch mit vorbereiten kann und nicht mittendrin einfach gehe. Welche Pläne hat eigentlich Adrian, wenn er wieder zu Hause ist? Er erzählt mir, dass er Urlaub auf Korsika machen wird. Dort möchte er den GR20 entlang wandern, einen 180 Kilometer langen Wanderweg, der sich durch Korsika zieht. Eine tolle Idee, finde ich.

Ich überlege, ob ich auch noch eine Woche Urlaub im Warmen machen soll, bevor ich am 1. Oktober meinen neuen Job als

Interimsmanagerin für ein Jahr in Singapur antrete. Habe ich davon noch gar nicht erzählt? Darum ging es bei dem Telefonat, das mich Anfang Juli hier erreichte. Ich habe es mir durch den Kopf gehen lassen, die Bedingungen ausgehandelt und Ja gesagt. Es fühlt sich richtig an, und ich freue mich auf die neue Herausforderung.

Morgen wollen Adrian und ich mit Chris und hoffentlich auch mit Katharina Abschied feiern, bevor wir dann am Sonntag aufbrechen. Nun geht die Zeit hier wirklich zu Ende.

Sonntag, 06. September 2015

Heimkehr

Heute ist mein letzter Tag auf der Hütte. Unwirklich, aber so ist es. Wir frühstücken zum letzten Mal auf der Hütte und verabschieden uns von Chris und Katharina. Für Adrian gehen gute zwei Monate zu Ende, für mich drei. Eine schöne und intensive Zeit mit Höhen und Tiefen. Dann brechen Adrian und ich auf. Begleitet werden wir von Adrians Freunden Benedikt und Veronika, die zum Abschluss noch auf die Hütte gekommen sind und nun mit uns absteigen. Adrian trägt meinen großen Rucksack und hat mir Wanderstöcke besorgt. So habe ich etwas mehr Halt, und ich bin sehr froh, die Stöcke zu haben. Wir gehen langsam, und meine drei Begleiter passen ihr Tempo dem meinen an.

Es ist um die null Grad kalt, der Wind pfeift, und es liegt etwas Schnee. Immer wieder bleiben wir stehen und staunen über die Schönheit der gewaltigen Berge. Die Hütte bleibt lange sichtbar, majestätisch scheint sie über dem Tal zu schweben. Einige Male schauen wir zurück und sind gleichzeitig wehmütig und froh.

Für den Abstieg brauchen wir zweieinhalb Stunden. Das ist ziemlich lange, aber ich bin froh, dass ich es geschafft habe. Schneller hätte ich nicht gehen können. Nicht nur wegen meines Knöchels, der immer noch nicht wieder ganz stabil ist, sondern fast noch mehr aufgrund der Angst in meinem Kopf, ich könnte wieder ausrutschen.

Als wir am Parkplatz ankommen, wartet Gaby bereits auf mich. Sie ist extra aus München gekommen, um mich abzuholen. Wie lieb von ihr! Wir packen unsere Sachen ins Auto und nehmen Adrian und seine Freunde mit nach Lienz. Zusammen essen wir dort noch eine Kleinigkeit und trinken einen Cappuccino. Es ist warm, die Sonne scheint, und in der Stadt sind viele Leute unterwegs. Die Zivilisation hat uns wieder. Wir genießen den köstlichen Kaffee und müssen uns gleichzeitig erst noch wieder an die vielen Leute und das Gedränge hier unten gewöhnen.

Schließlich machen Adrian und seine Freunde sich auf den Weg zum Bahnhof, um den Zug nach Brixen zu nehmen. Und so begeben auch Gaby und ich uns zum Auto und fahren los Richtung München. Auf der Fahrt haben wir viel Zeit, meine drei Monate in den Bergen Revue passieren zu lassen. Und ich erfahre von Gaby, was sich während meiner Abwesenheit zu Hause alles ereignet hat.

In München gönnen wir uns einen kleinen Snack und eine Pause bei Gaby und Günther zuhause. Dann fährt Günther mich nach Fürth. Ich bin ihm und Gaby so dankbar für ihre Unterstützung und Fürsorge.

Und dann bin ich endlich zu Hause. Das erste, was mir auffällt, als ich meine Wohnung betrete, ist, dass mir alles so hell und groß vorkommt. Schon bei Gaby und Günther zuhause kamen mir die Wände so erstaunlich hell und grellweiß vor. Nun erst werde ich mir bewusst, wie dunkel doch die Hütte mit ihren Holzschindeln war und wie klein die Fenster.

Ich werde mich erst wieder an alles gewöhnen müssen.

Nachwort

Die Zeit auf der Hütte wird mich für den Rest meines Lebens begleiten. Es waren sehr intensive drei Monate, die mich insbesondere in der Hochsaison manchmal an die Grenze meiner körperlichen Belastbarkeit gebracht haben. Während des schönen Sommers war die Hütte so gut besucht, dass sich Tagesgäste und Übernachtungsgäste oft die Klinke in die Hand gaben und umgekehrt. Um den Ansprüchen der Gäste gerecht werden zu können, haben Chris, Adrian und ich fast jeden Tag von 6 Uhr morgens bis 24 Uhr nachts gearbeitet. Natürlich war das anstrengend, aber es hat auch Spaß gemacht.

Eine der interessantesten Erfahrungen für mich war zu sehen, dass es mir in den drei Monaten materiell an nichts gefehlt hat. Im Gegenteil: Ich habe ganz andere Dinge als Materielles zu schätzen gelernt. Jeder Sonnenaufgang am Morgen war ein

Highlight. Sich im August der Milchstraße so nahe zu fühlen, so viele Sternschnuppen zu sehen, das Leuchten der Berge beim Sonnenuntergang, das Wolkenspiel bei Gewitter, die Gewaltigkeit der Natur bei Blitz und Donner zu erleben, das war beeindruckend und eine tiefgreifende Erfahrung, die ich nicht vergessen werde.

Was mir fehlte, waren meine Familie und meine Freunde. Viele haben mich besucht, manche sogar zweimal. Ich habe es jedes Mal so bedauert, wenn ich keine oder nur wenig Zeit für sie hatte, da die Hütte voll war. Zu sehen, welche Mühen sie auf sich genommen haben, um mich zu besuchen, hat mich mit Liebe und Dankbarkeit erfüllt.

Als wertvollste Erfahrungen nehme ich folgende Highlights mit:

Ich bin fasziniert von der Unterschiedlichkeit der Menschen, die auf der Hütte ankamen. Es gibt so viele verschiedene Lebensentwürfe und Wege, sein Leben zu meistern, die mir sonst wahrscheinlich nie begegnet wären.

Materielle Bedürfnisse treten in den Bergen in den Hintergrund. Die Natur, die Verbundenheit mit der Natur, ihre Gewaltigkeit und die Faszination des Unkontrollierbaren treten in den Vordergrund.

Auf meine Freunde und meine Familie kann ich mich verlassen. Ohne ihre Besuche und Carepakete wäre die Zeit deutlich schwieriger gewesen.

Ich kann selbst in der Kargheit der alpinen Berge gut zurechtkommen. Das habe ich vor allem erlebt, als ich zu Beginn häufiger tagelang alleine auf der Hütte war. Ich habe es geschafft, die Hütte zu bewirtschaften und die Gäste zu versorgen.

Kochen und Backen kann Spaß machen!

Besondere Freude bereitet mir der Umgang mit Menschen. Der Kontakt mit den Hüttengästen war mir wichtig und hat mir viel gegeben. Die Gespräche – wenn ich Zeit für sie hatte – habe ich sehr genossen.

Natürlich gab es auch Krisen und Tiefpunkte oder Erfahrungen, die mir nicht so gut gefallen haben:

Ich fand es immer schade, wenn ich nicht genug Zeit hatte, mit den Menschen zu sprechen. Das gilt auch und besonders für meine Familie und meine Freunde, die mich besucht haben.

Meine körperliche Belastbarkeit hat Grenzen. Ich bin nicht in den Bergen aufgewachsen, und es ist mir nicht leicht gefallen, mich in alpinem Gelände behände zu bewegen. Ich habe Adrian oft bewundert und beneidet, weil er sich so leicht und wendig in dieser Umgebung bewegen kann. Im Vergleich dazu habe ich mich manchmal sehr eingeschränkt gefühlt. Obwohl ich die Umgebung sehr genossen habe, hätte ich sie gerne mehr für mich genutzt.

Etwas mehr Zeit für mich selbst hätte ich mir gewünscht. Vor allem in der Hochsaison, als wir alle sieben Tage die Woche rund 18 Stunden täglich gearbeitet haben, bin ich abends nur noch todmüde ins Bett gefallen.

Manchmal, wenn die Hütte sehr voll war, war ich froh, wenn die Menschen wieder zur Tür draußen waren. Das hat mir ein schlechtes Gefühl gegeben.

Mir ist einmal mehr klar geworden, dass man seine Persönlichkeit überall hin mitnimmt. Mit mir wird es unangenehm, wenn Herausforderungen anstehen und alle eigentlich alles geben müssen, um sie zu bewältigen, dies aber nicht geschieht. Wenn Adrian sich zum Beispiel mitten im größten Trubel mal eine Pause gegönnt hat, konnte ich das nicht nachvollziehen. Ein weiteres „No-Go" ist für mich, sich nicht an abgesprochene Vorgehensweisen zu halten und sie ohne Rücksprache kreativ zu ändern. In dieser Hinsicht habe ich Adrian manchmal eine schwere Zeit bereitet, vor allem wenn ich gestresst war. Gleichzeitig war es ein Lernprozess für mich: Warum fällt es mir so schwer, mal einen Gang herunterschalten, langsamer zu machen, weniger „dienstleistungsorientiert" zu sein? Selbstbedienung einzuführen statt selbst herumzurennen? Hier habe ich von Adrian und auch von Chris gelernt.

Was ich in meiner Zeit auf der Hütte außerdem gelernt habe: Ich stehe zu wenig für mich selbst ein. Es fällt mir schwer, meine Ansprüche deutlich zu machen, unbequem zu werden und auch mal einen Konflikt anzustoßen, wenn es um mich persönlich geht. Um eine Auszeit oder gar einen freien Tag zu bitten, wenn es auf der Hütte gerade hoch hergeht – das kann ich nicht. Das ist mir in den letzten drei Monaten sehr deutlich geworden.

Erst als es gar nicht mehr ging und ich um ein Haar alles hingeschmissen hätte, habe ich die Reißleine gezogen und mit Chris gesprochen. Interessant, dass ich es dann doch plötzlich konnte. Und ebenso interessant war, wie Chris reagiert hat und wie wir dann doch einen guten Weg gefunden haben und ich weitermachen konnte.

Ich nehme also viele Erfahrungen mit, die mich auf die eine oder andere Weise bereichert und voran gebracht haben. Und dafür bin ich froh und dankbar.

Ich danke Katharina, die so positiv und aktiv unterstützt und beeinflusst hat und oft das richtige Gespür hatte.

Ich danke Adrian für die tolle Zusammenarbeit und die Freundschaft, die in unserer gemeinsamen Zeit entstanden ist.

Und ich danke Chris, der mir die Möglichkeit gegeben hat, diese einmalige Erfahrung zu machen, für seine Geduld und sein Vertrauen.

Der größte Dank geht an meine Familie und Freunde, ohne deren positive Unterstützung ich das Ganze nicht hätte machen und durchhalten können.

Die Zeit auf der Hütte werde ich nicht vergessen.

Ein Rückblick drei Jahre später

August 2018

Nach drei Jahren ist es nun endlich soweit. Mitte August mache ich mich auf den Weg, um die „Nossi" zu besuchen. Begleitet werde ich von meinem Freund Wolfgang. Spontan angeschlossen hat sich außerdem mein Neffe Luis, der auch mal wieder auf die Hütte wollte. Meine Freundin Alexandra ist ebenfalls mit ihrer Familie dabei. So machen wir uns zu siebt auf den Weg. Ich bin schon ganz gespannt, was sich alles so verändert hat in den letzten drei Jahren.

Wir fahren an einem schönen Donnerstag im August Richtung Lienz, übernachten im Sagritzer Wirt, dem kleinen Hotel in Großkirchheim, in dem ich ursprünglich vor drei Jahren schon übernachten wollte, bevor ich mit einem Nachtaufstieg überrascht wurde.

Am Freitag geht es früh nach einem ausgiebigen Frühstück los. Die Sagritzer Wirtin gibt uns noch gute Wünsche mit auf den Weg und wir starten. Wir machen uns auf den Weg und fahren bis zum Parkplatz in Putschall. Ich kann mich gar nicht mehr daran erinnern, dass der Weg zum Parkplatz so weit ist. Aber es sind doch fast 7 km. Langsam und gemächlich schaukeln wir im Auto den holprigen Weg hoch. Links und rechts am Wegrand liegen Kühe gemächlich wiederkäuend und Ruhe ausstrahlend. Wir genießen das tolle Bergpanorama und sind schon ganz gespannt auf den Anstieg und was uns oben erwartet. Was wird sich alles verändert haben?

Als wir am Parkplatz ankommen, hören wir einen Hubschrauber. Aha, anscheinend braucht die Hütte Nachlieferung. Es stehen einige Big Packs am Parkplatz, die gerade an den Heli gehängt werden. Bei Nachfrage handelt es sich technische Ersatzteile für die Solaranlage.

Kurz bin ich geneigt, den Piloten zu fragen, ob er unsere Rucksäcke mit hochfliegt. Aber dann siegt der Stolz – die tragen wir schon selber hoch. Das wäre doch gelacht. Wir bleiben ja nur zwei Tage und nicht drei Monate – dementsprechend leicht sollte sich der Rucksack hochtragen lassen.

Schön gemütlich geht der Weg los und wir kommen gut voran. Nachdem wir das Hochmoor erreicht haben, genießen wir die Aussicht und die Weite – Pferde und Kühe weiden hier, wie damals. Wir freuen uns über die Hochebene, die wir ohne großen Anstieg entlang gehen. Dann beginnt der Einstieg in den Seenplattenweg. Na, das ist schon etwas anderes. War das damals auch schon so steil? Ich glaube, ich bin nicht mehr so fit – kann das sein? Wir gehen stetig und gemächlich weiter und weiter, geben vor, zwischendurch den tollen Anblick der umliegenden Berge zu genießen – ehrlicherweise tut eine kleine Pause hier und da einfach nur gut. Luis läuft wie eine Gämse vor und zurück und holt uns immer wieder ab. Nach 2,5 Stunden sehen wir die Hütte, wie sie vor und über uns liegt. Was für ein Anblick – karg und doch majestätisch. Mir kommen Heimatgefühle und ich freue mich!

30 Minuten später ist es geschafft und wir sind an der Hütte. Chris ist auf dem Dach und hämmert. Toni, der ewige Stammgast, macht sich am Eingang zu schaffen. Wow – die Terrasse am Eingangsbereich ist vergrößert und die von Natur geschaffene Eingangstreppe weicht einem schönen ebenmäßigen Antritt!

Wir betreten die Hütte und werden sozusagen von meiner Nachfolgerin Kristina begrüßt und eingewiesen. Was hat sie da in der Hand? Ein Tablet! Sie nimmt damit unsere Daten auf: An- und Abreise, Wünsche zum Abendessen und die Getränkebestellung. Alles wandert in das Tablet, wird in der Küche ausgeworfen und schon bald stehen die Getränke am Tisch. Was für ein Komfort!

Im Flur sehe ich eine Handyladestation. Was ist das? Anscheinend gibt es genügend Strom. 2015 hatte ich mit Chris einen Business Plan erstellt, um eine größere Solaranlage zu bekommen. Der Alpenverein hat zugestimmt und seit Ende der Saison 2016 gibt es nun ausreichend Strom. Sicher immer noch nicht in Hülle und Fülle, aber immerhin.

Chris kommt vom Dach und begrüßt uns herzlich. Er ist in seinem Element und hat viel zu tun. Die Monteure für die Solaranalage und ein neues WLAN sind da und wollen betreut werden.

Dann kommt Lena, sie ist seit Anfang der Saison hier und hat maßgeblich dazu beigetragen, das Tablet und Boniersystem einzuführen. Sie hat viel Gastroerfahrung und hat Chris überzeugt, dass es ohne nicht geht und es doch eigentlich ganz einfach ist. So sind seit diesem Jahr ein Großteil der Excel-Listen verschwunden und durch eine Service-App ersetzt.

Was gibt es sonst Neues? Eine wichtige Errungenschaft hat im letzten Jahr Einzug gehalten: eine Spülmaschine. Was haben wir damals Gläser und Geschirr gespült! Das gehört nun alles der Vergangenheit an, und mit dieser Gastro-Maschine sind das Geschirr und vor allem natürlich auch die Gläser im Nu gespült. Das freut mich für das Team. Das nimmt viel Arbeit ab und macht das Leben sehr viel einfacher.

Ansonsten ist alles beim Alten geblieben: Wanderer kommen und gehen, Tagesgäste genießen den Aufstieg, die tolle Küche und gehen am Nachmittag wieder zurück ins Tal. Der Keeskopf steht nach wie vor und erinnert daran, dass man auf der Hütte noch lange nicht am Gipfel ist. Die Seen liegen neben und unterhalb der Hütte. Hier oben merkt man nichts von der Wasserknappheit, die wir in Franken in diesem Sommer 2018 haben.

Es ist schön, wieder hier zu sein – als Gast. Wir genießen die Hütte, wandern am nächsten Tag lediglich nur etwas um die Hütte und den See herum. Das Wetter mit Nebel und Nieselregen lädt nicht zu mehr ein. Wolfgang und Luis schleppen Steine und bauen Wegemännchen. Am Abend genießen wir das Essen und erfreuen uns an Spielen wie Mensch-Ärgere-Dich-Nicht und Activity. Wir lachen uns schlapp über die Grimassen, Verrenkungen und Gesten. Chris hat mal eben die Nachtruhe auf 23 Uhr gelegt, und als wir vorm Einschlafen in unserem 7er-Lager das Gute-Nacht-Ritual der Uralt-Serie „Unsere kleine Farm" nachahmen („Gute Nacht Jon Boy, Gute Nacht...") und uns vor Kichern und Lachen krümmen, erhalten wir vom Nachbarlager ein paar kräftige Tritte an die Wand und wir werden umgehend still.

Am darauffolgenden Tag machen Wolfgang, Luis und ich uns nach einem späten Frühstück an den Abstieg. Alexandra und Dirk gehen mit Emma und ihrem Freund noch auf den Gipfel zum Keeskopf, bevor sie sich dann nach einem letzten Kaiserschmarrn zurück auf der Nossi ebenfalls an den Abstieg machen.

Würde ich nochmal auf die Hütte gehen? Ja, jederzeit – vor allem nun mit Spülmaschine und Boniersystem. So bleibt doch gleich mehr Zeit, sich mit den Gästen zu unterhalten, und das Ganze gestaltet sich etwas entspannter.

Was ist für mich geblieben nach den drei Jahren? Nach wie vor die Gewissheit, auch unter widrigen Umständen zufrieden und glücklich sein zu können. Die Sicherheit, mit wenig Materiellem auszukommen und das Wissen, in der Natur Frieden finden zu können und glücklich zu sein. Das Wissen, dass Familie und Freunde existenziell sind und die Dankbarkeit, diese Menschen in meinem Umfeld zu wissen. Geblieben ist nach wie vor der Drang, Neues auszuprobieren und zu entdecken. Der Wunsch, Bestehendes zu verbessern und zu optimieren, begleitet mich weiterhin, egal in welchem Bereich.

Mit Dankbarkeit freue ich mich über die große Resonanz zu meinem Buch. Es freut mich, wenn es auch Sie inspiriert.

Dormitz, im November 2018